Tom Grote / Daniel Müller
Der Haushalt

GOLDMANN
Lesen erleben

Buch

Ein Haushalt ist eine Art Trainingsplatz unterschiedlicher Disziplinen: Putzen, Kochen, Aufräumen oder Reparieren und Sparen. Jeder, der die elterliche Pension irgendwann verlassen hat, ist mit dem eigenen Haushalt konfrontiert. Lektion eins: Ein Haushalt muss kein Feind sein! Lektion zwei: Es gibt für alles eine Lösung. Lektion drei: Die ist oft einfacher, als man denkt. Tom Grote hat kluge, simple und umweltschonende, traditionelle wie neue Tipps und Kniffe für alle Bereiche der Haushaltsführung gesammelt, geprüft und mit viel Humor aufs Papier gebracht. Ein witzig und anschaulich illustriertes Handbuch für die Dame und den Herrn, für kleine und große Haushalte, kurz, für alle, die ein souveränes Haushaltsmanagement anstreben.

Autor

Tom Grote, Jahrgang 1967, hat schon viel gewohnt. Auch in Niedersachsen. Außerdem quetscht er jeden Rentner oder jede Rentnerin, derer er habhaft wird, über neue Haushaltstipps aus. Er arbeitet als Hörfunkjournalist beim Nordwestradio.

Illustrator

Daniel Müller malt ordentliche Bilder, lädt aber niemals zu sich nach Hause ein. Er verbittet sich daraus mögliche Schlussfolgerungen. Er bügelt besser als der Dalai Lama und kann sich selbst die Schuhe zubinden.

Tom Grote ° ° Daniel Müller

Der
Haushalt

Management für Heim und Herd

GOLDMANN

Verlagsgruppe Random House FSC® N001967
Das für dieses Buch verwendete FSC-zertifizierte Papier *Tauro*
liefert Sappi, Werk Stockstadt.

Dieses Buch ist auch als E-Book erhältlich.

1. Auflage
Vollständige Taschenbuchausgabe Januar 2015
Wilhelm Goldmann Verlag, München,
in der Verlagsgruppe Random House GmbH
© 2015 Wilhelm Goldmann Verlag, München,
in der Verlagsgruppe Random House GmbH
© Tom Grote
Erstmals erschienen 2007 im Carl Hanser Verlag, München 2007.
Umschlaggestaltung: Uno Werbeagentur, München,
unter Verwendung eines Motivs von Daniel Müller
Illustrationen: © Daniel Müller
Layout: Andrea Birkhofer, rotwand.ch, Zürich
Satz: Andrea Birkhofer, rotwand.ch, Zürich; Lorenz und Zeller, Inning a.A.
Druck und Bindung: Těšínská tiskárna, a.s., Český Těšín
AB · Herstellung: IH
Printed in the Czech Republic
ISBN 978-3-442 -17498-0

www.goldmann-verlag.de

Besuchen Sie den Goldmann Verlag im Netz

INHALT

INHALT

INHALT

Mein Feind, der Haushalt

Haushaltsmanagement will gelernt sein. Das ist nun mal so. Natürlich kann man sich auch einfach so durchwurschteln, aber das ist mühsamer, als man denkt, kostet mehr Zeit und Geld, führt nicht unbedingt zum Ziel und macht auch nur selten Spaß. Es ist eher unwahrscheinlich, dass einen das **Putzen** in rauschhafte Zustände versetzt, aber nach der Lektüre dieses Buches ist zumindest ein gesteigertes Glücksempfinden bei der Arbeit möglich.

Wichtig ist erst mal die eigene Einstellung: Ein Haushalt muss nämlich kein Feind sein! Wer sich an die Tipps und Vorschläge dieses Buches hält, für den wird **Sauberkeit** und **Ordnung halten** zu einer leichten Übung. Die **Hege und Pflege** von Klamotten und Schuhen wird einem locker von der Hand gehen, und hartnäckiger Schmutz fällt schon bald dem **Flecken-ABC** zum Opfer. Damit nicht genug. Auch dem **Kochen und Backen** ist ein Kapitel gewidmet. Darin geht es nicht um Rezepte, sondern um Tipps und Tricks für eine bessere Vorratshaltung und einfachere Zubereitungsmethoden und um Hilfestellungen in verunglückten Situationen und bei Missgeschicken.

Apropos Missgeschicke, so ein Haushaltsuniversum steckt voll mieser Überraschungen. Angefangen bei den Viechern, die heimlich in Mehldosen einziehen, bis hin zu Schnecken im Beet – denen spendiert man übrigens schlichtweg einen Eimer Bier, und schon belästigen sie ihr Umfeld nicht weiter. Schlimmer dagegen und eher **Notfall** als **Missgeschick** sind der Schnitt in den Finger, der fiese Insektenstich oder das blaue Auge. Auch in diesen Fällen verspricht »Der Haushalt. Management für Heim und Herd« Rat und Hilfe.

Mein Freund, der Haushalt

Der Haushalt ist also in den Griff zur kriegen, und hat man erst
Spaß an ihm gefunden, sucht man die Herausforderung: Der
Gestank muss raus aus dem Kühlschrank, der kalte Qualm aus
dem Pullover, es soll überall duften. Geht alles, und zwar ganz
einfach, wie, steht im **Duft-ABC**. Werkzeuge sollen nicht nur
funktionieren, sondern auch rostfrei und sauber sein: dazu
reicht ein simples Stück Schulkreide. Lesen Sie's nach. Und
wenn die eigenen vier Wände samt Inhalt jetzt sauber, aufgeräumt und in Ordnung gebracht sind, bleibt immer noch etwas
zu tun. Zum Beispiel **sparen**. Geld kann man vernichten oder
sammeln, und zwar besonders gut bei der Haushaltsführung.
Stichwort *Heizkosten*.

Also los

Womit möchten Sie beginnen? Sicher ist Ihnen schon ein Haus-
haltsleck in den Sinn gekommen. Was machen Sie eigentlich,
wenn Ihre Heizung so seltsam vor sich hin blubbert?

*Um Tipps besonders auszuzeichnen und eine schnelle und über-
sichtliche Nutzung zu ermöglichen, sind sie mit folgenden Icons
versehen:*

 umweltfreundlich

 besonders wertvoll

 macht Dreck

preiswert

geht fix

 Vorsicht!

Wenn Sie folgenden Satz laut aussprechen können, ohne rot zu werden, dann müssen Sie dieses Buch nicht kaufen: *Ich kriege jedes Problem in meinem Haushalt ohne Schwierigkeiten in den Griff.* Nicht flüstern, LAUT aussprechen. (Kein Quatsch.) Wer dagegen eine eher ballistische Einstellung zu Küche, Bad, Reparieren, Sparen, Ordnung halten und Ähnlichem hat, der findet hier alles, was er braucht, um das künftig besser hinzukriegen. Wer bereits fortgeschritten ist und den feinen Unterschied zwischen Koch- und Wollwäsche zumindest erahnt, der wird sich mit diesem Buch zum Profi hocharbeiten können. Bleiben die abgebrühten Hausfrauen und -männer, und selbst die dürften auf den folgenden Seiten noch viel Neues entdecken. Zu welcher Sorte Hausmensch gehören Sie?

EINSTIEGSTEST
Für jede richtige Antwort gibt's einen Punkt.

1. Gasleitungen repariere ich ...
A: grundsätzlich selbst, schließlich gibt's nichts, was man mit Tacker und Klebeband nicht wieder hinkriegt.
B: nur wenn mein Partner das AUCH nicht kann.
C: weil es sich gerade um einen wirklich echten Notfall handelt.
D: nie, wozu gibt's Fachleute, und außerdem hab ich gar keine Gasleitung.

2. Ein Feudel ist ...
A: ein bayerischer Ausdruck für irgendwas am Computer.
B: etwas mit ganz vielen Beinen und Fühlern.
C: ein Wischlappen.
D: etwas, mit dem ich ganz sicher nichts zu tun haben will.

3. Ich fülle meine Waschmaschine bis ...
A: Wie, man kann auch mehrere Sachen gleichzeitig waschen?
B: oben noch eine Handbreit frei ist.
C: unten noch eine Handbreit frei ist.
D: die Tür noch zu schließen ist.

4. Beim Schraubenreindrehen gilt: Nach zu fest anziehen kommt ...
A: lose.
B: der Nachbar.
C: Sekundenkleber.
D: Ich kann auch Nägel in die Wand kloppen, um das Bild aufzuhängen.

5. Nasse Schuhe trockne ich ...
A: überhaupt nicht. Nasse Schuhe törnen mich an.
B: über offenem Feuer in der Spüle.
C: in der Mikrowelle, bei 600 Watt circa fünf Minuten.
D: indem ich Zeitung reinstopfe.

6. Jeder Fleck lässt sich entfernen ...
A: mit einer Schere.
B: mit Backpulver.
C: mit Tipp-Ex.
D: dank S. 130–145.

A◯ B◯ C◯ D◯

7. Wasserstoffperoxyd ...
A: trinkt man am besten auf Eis.
B: sieht gut aus.
C: benutze ich zum Bleichen.
D: saugt schlechte Gerüche auf.

A◯ B◯ C◯ D◯

A◯ B◯ C◯ D◯

8. Wenn man Kerzen ins Gefrierfach packt, dann ...
A: halten sie länger und tropfen auch nicht so doll.
B: sieht man besser, wenn man nachts was zu essen sucht.
C: scheinen sie heller.
D: brennen sie nicht mehr.

A◯ B◯ C◯ D◯

9. Ein Stück Seife im Kleiderschrank, und schon ...
A: gleiten zu enge Hosen besser über die Hüften.
B: duften die Klamotten.
C: kann man aufs Reinigen verzichten.
D: liegt ein Stück Seife im Kleiderschrank.

A◯ B◯ C◯ D◯

10. Ist die klare Suppe versalzen, hilft ...
A: weinen.
B: alles wegkippen und neue Suppe ansetzen.
C: eine rohe Kartoffel aufkochen.
D: Zucker.

AUSWERTUNG

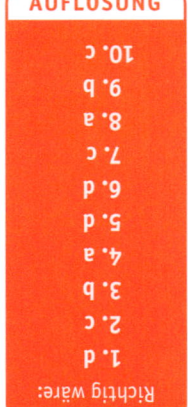

AUFLÖSUNG

10. c
9. b
8. a
7. c
6. d
5. d
4. a
3. b
2. c
1. d

Richtig wäre:

0 bis 3 Punkte: Haushaltsflüchter
Das war gar nichts. Am besten ziehen Sie ins Hotel oder versuchen es mit einer Geldheirat. Wie sind Sie eigentlich bisher ohne dieses Buch ausgekommen?

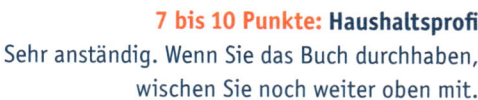

3 bis 7 Punkte: **Haushaltsentdecker**
Nur bedingt haushaltsfähig. Leute sollten Sie sich nicht nach Hause einladen. Wichtig für Sie sind vor allem die Seiten 1 bis 160.

7 bis 10 Punkte: **Haushaltsprofi**
Sehr anständig. Wenn Sie das Buch durchhaben, wischen Sie noch weiter oben mit.

Mehr als 10 Punkte:
Vergessen Sie es, Sie kriegen das Buch nicht, kaufen Sie sich lieber ein Mathebuch.

Was brauche ich?

LAPPEN, TÜCHER ETC.
AUTOPOLITUR
BACKPULVER
BIER
BIMSSTEIN
BORAX
ESSIG
ESSIGREINIGER
GLYZERIN
NATRON
OXALSÄURE
PETROLEUM
RASIERSCHAUM
REINEN ALKOHOL
SALMIAKGEIST
SALZ
SCHWARZEN TEE
SEIFE
SPIRITUS
TOMATEN
ZAHNCREME
ZITRONENSAFT *(gekaufter ist okay, frischer ist besser)*

> Gibt es alles in Supermärkten, Drogerien oder Apotheken.

ÜBER DAS PUTZEN

Geputzt werden muss. Es sei denn, man legt Wert auf Mitbe-
wohner wie die *Kakerlak blatta orientalis*. Die wird zwar in der
Regel nur etwa 25 Millimeter groß, ist aber trotzdem ziemlich
ekelig. Und wenn sie erst mal da ist, helfen auch Omas Tipps
nicht mehr. Generell dürfte man etwa fünf Arten von Putzen
unterscheiden:

ERSTENS: Überhaupt nicht.
Ist peinlich, wenn doch mal einer kommt, und sei es nur der
Spion von der GEZ. Auch fängt es irgendwann an, unangenehm
zu riechen. Außerdem siehe oben.
ZWEITENS: Rundum herumstochern.
Ist so ähnlich wie früher mit dem Spinat oder anderem Mäkel-
essen auf dem Teller. Man schiebt bzw. räumt lustlos von A
nach B, wischt ein bisschen mit einem Lappen, entdeckt dabei
einen vergessenen Liebesbrief und verschiebt die ganze Sache
auf morgen. Das wiederholt sich dann in der Regel auch an
den folgenden Tagen.
DRITTENS: Nur das putzen, was zu sehen ist.
Wirkt auf den ersten Blick sauber, ist aber nicht rein.
VIERTENS: Einmal die Woche gründlich alles putzen,
anschließend Standard halten.
FÜNFTENS: Pingelputzen.
Jeder Flusen auf dem Teppich oder Fleck muss sofort beseitigt
werden, wobei ein Krümel im Kühlschrank die Säuberung des
gesamten Geräts nach sich zieht. Ist ein bisschen neurotisch
und macht auf Dauer einsam (*Ohne Hausschuhe kommste hier
aber nicht rein!*).

WANN PUTZE ICH?

Erfahrene Hausfrauen empfehlen: Jeden Tag ein bisschen putzen. Also montags das Klo, dienstags die Küche, mittwochs das Wohnzimmer usw. Das spart letztlich Zeit und hilft gegen das lähmende Gefühl *Oh Gott, ich muss heute den ganzen Tag putzen.*

WIE PUTZE ICH?

> Das Bad

Stimmt schon, dass noch niemand erstunken ist, aber schon viele erfroren sind, trotzdem immer schön das Bad lüften, Pfützen aufwischen, keine nassen Handtücher auf dem Boden rumliegen lassen und regelmäßig putzen. Keine Ausreden. Einmal pro Woche hat jeder Zeit. Es empfiehlt sich folgende Reihenfolge:

WASCHBECKEN

Entweder ganz klassisch mit einem Essigreiniger putzen – der ist viel umweltverträglicher als das ganze Chemiegelumpe – oder mit einem Tütchen Backpulver. Dieses direkt im feuchten Waschbecken verteilen, kurz einwirken lassen und dann mit einem feuchten Lappen abreiben.

ARMATUREN

Der Feind Nummer eins ist Kalk, und dem lässt sich am billigsten und einfachsten mit purem Essig der Garaus machen. Ebenfalls prima zum Hähneputzen eignet sich Zitronensaft (fertig gekaufter genügt) oder Petroleum. Keine Angst, bei Letzterem verfliegt der stechende Geruch ganz fix. Hinterher übrigens das Polieren nicht vergessen. Am besten mit einem fusselfreien Tuch.

ARMATUREN MIT ROSTSTELLEN

Gehen wir mal davon aus, dass die braunen Stellen an den Armaturen wirklich Rostflecken sind, dann diese mit einer Paste (in etwa in der Konsistenz von Zahnpasta) aus Borax und Essig einreiben. Ruhig eine halbe bis eineinhalb Stunden einziehen lassen und dann abwischen.

BADEWANNE

Für die Grundreinigung der Wanne tut es Essigreiniger oder irgendein normales, preiswertes Scheuerpulver, die werden nicht besser, je teurer. Haben sich bereits die ekeligen gelben Stellen gebildet, dann Zitronensaft nehmen, einreiben, warten, abwaschen. Freunde des experimentellen Putzens können auch einen Brei aus Salz und Essig herstellen und damit die gelben Flecken bestreichen. Notfalls über Nacht einwirken lassen. Übrigens sollte man die Wanne am besten nach dem Duschen oder Baden putzen, weil sich der Schmutz durch den Wasserdampf schon etwas gelöst haben dürfte.

DUSCHKABINE

Ganz klassisch mit Reiniger putzen und anschließend mit Autopolitur einreiben. Der Vorteil: Das Wasser perlt viel besser ab, und es setzen sich weniger Kalkrückstände fest. Autopolitur funktioniert übrigens auch bei Waschbecken, Wanne, Fliesen und Armaturen.

VERKALKTER DUSCHKOPF

Auf die Dauer wird's lästig, den einsamen Strahlen aus dem Duschkopf hinterherzuhüpfen. Besser also den Duschkopf abschrauben und über Nacht in Essigwasser legen. Wenn es zu Beginn heiß ist, löst es den Kalk noch besser. Wird beim ersten Mal nicht gleich alles frei, wiederholen.

DUSCHVORHÄNGE

Können ohne Weiteres gewaschen werden. Am besten bei 30 °C ohne Schleudern oder, wer hat, im Gardinenwaschgang. Duschvorhänge können zwar nicht schlecht werden, aber trotzdem schimmeln. Wer es nicht so mit exotischen Badgenossen hat, der sollte den Duschvorhang einfach über Nacht in Salzwasser legen und dann feucht aufhängen. Bei kleineren Stockflecken: Natron draufstreuen, feucht abreiben, und weg sind sie.

SPIEGEL

Ein Spiegel ist auch nur Glas, mit Essigreiniger feucht abwischen und mit einem fusselfreien Tuch oder besser Zeitungspapier trockenreiben.

SPIEGEL BESCHLAGEN

Damit das nicht mehr passiert, wischt man ihn mit Seife ab und poliert mit Küchen- oder Toilettenpapier nach.

BÜRSTEN UND KÄMME

Die dreckigen Stellen zwischen den Zinken mit Rasierschaum einsprühen, etwas einwirken lassen und dann mit warmem Wasser gründlich abspülen. Die Haare trotzdem vorher rauspulen, die schafft der Rasierschaum nicht.

KLO

Beim Kloputzen gibt es so viele Möglichkeiten wie Klosorten. Hier eine kleine Auswahl: Wasser mit der Klobürste wegdrücken, dann mit Cola auffüllen (die billige tut's auch!), noch einen Schuss Essigessenz dazu und über Nacht stehen lassen. Am nächsten Morgen noch ein bisschen nachschrubben.
Wer nicht eine Nacht warten will, bis er sein Klo wieder benutzen kann, der verteilt Waschmittel in der Toilette. Ein halbes bis ein Stündchen einwirken lassen und dann mit der Klobürste

nachscheuern. Klobecken, die seit dem Dreißigjährigen Krieg auf eine Grundreinigung warten, am besten mit Borax und Zitronensaft angehen. Aus beidem eine dicke Paste anrühren und diese im feuchten Klobecken verteilen. Etwa zwei Stunden einziehen lassen und dann bürsten, bürsten und noch mal bürsten. Anschließend alles mit Wasser abspülen. Wenn jetzt immer noch Ringe oder Ähnliches (man muss ja nicht alles beim Namen nennen) zu sehen sind, dann mal Schleifpapier (im Ernst) probieren. Mit Nassschleifpapier wurden schon spektakuläre Erfolge erzielt. Wem das zu ekelig ist, der kann auch kochend heiße Waschlauge ins Becken geben und sofort nachschrubben.

FLIESEN
Scheuerpulver kommt bei Fliesen nicht so gut an, denn bei häufiger Anwendung zerkratzt die Oberfläche, und die Fliesen verlieren ihren Glanz. Also besser mit Essigreiniger putzen, anschließend Autopolitur drauf und ordentlich polieren. Das versiegelt und bringt das große Strahlen zurück. Sind die Fliesen schon stumpf, dann Salmiakgeistlösung oder Spirituslösung auf ein Fensterleder und polieren und polieren und polieren.

FLIESENFUGEN
Man nehme eine Zahnbürste und Backpulver. Letzteres mit etwas Wasser zu einem Brei verrühren und dann mit der Bürste in die Fugen reiben. Kurz einziehen lassen, abspülen, und es sieht aus wie frisch verfugt.

> Die Küche

Nein, Berge von angegammeltem Geschirr sind nicht romantisch. Die Küche ist ein sozialer Ort und gehört regelmäßig geputzt. Außerdem, wer will sich schon blamieren, wenn es zum berühmten *Kommst du noch auf einen Kaffee mit rauf?* kommt. Beginnen wir also beim Kühlschrank und arbeiten uns vor bis zum Weinglas, denn wenn das nicht glänzt ...

KÜHLSCHRANK

Einen Eimer mit Wasser füllen, Spülmittel und Zitronensäure (oder ausgepresste Zitrone) zugeben und losputzen. Macht nicht nur sauber, die Säure verhindert außerdem die Bildung von Bakterien. Anstelle von Zitrone funktioniert auch Essig, der könnte allerdings auch die Gummidichtungen angreifen.

GEFRIERFACH

Erst abtauen, dann die Innenwände dünn mit Glyzerin einreiben. Neue Eisschichten bilden sich so langsamer und lassen sich außerdem beim nächsten Abtauen leichter entfernen.

MIKROWELLE

Essig 1:1 mit Wasser verdünnen, das Schälchen mit der Mischung ab in die Mikrowelle. Das Ganze zum Kochen bringen. Der Essig verdampft, schlägt sich im Gerät nieder, kommt in alle Ecken und löst Fettspritzer. Hinterher nur noch mit einem Lappen auswischen. Ist gerade kein Essig zur Hand, dann Wasser mit Zitronenscheiben nehmen. Gleicher Ablauf.

WASSERKOCHER ENTKALKEN

Den Kocher mit Wasser füllen, einen ordentlichen Schuss Essig dazugeben, das Ganze aufkochen und über Nacht stehen lassen. Am nächsten Tag gründlich ausspülen und dann ruhig einmal Wasser aufkochen, ohne es benutzen zu wollen.

KAFFEEMASCHINE ENTKALKEN

Entweder Essig wie beim Wasserkocher oder Zitronensäure aus der Apotheke nehmen. Ablauf: In die mit Wasser gefüllte Maschine einen Teelöffel Säure oder einen ordentlichen Schuss Essig geben und einmal durchlaufen lassen. Auch hier gilt: Um den Essig- oder Zitronengeschmack wieder wegzukriegen, sollte man ein- oder zweimal Wasser durch die Maschine laufen lassen und erst dann den nächsten Kaffee kochen.

DUNSTABZUGSHAUBE

Gegen das klebrige Zeug, was sich auf denen so gern mal ablagert, hilft Zitrone. Aufschneiden, pur drüberreiben, anschließend abwischen und trockenreiben. Geht schnell und riecht gut.

HERD

Da stellt sich eine der großen Fragen der Menschheit: Wieso ist mein Herd ständig dreckig, obwohl ich selten bis nie koche? An der Antwort haben sich schon diverse Nobelpreisträger die Zähne ausgebissen, und sie dürfte ähnlich schwierig sein wie die Sache mit der Waschmaschine und den darin verschwindenden Socken. Wie schützt man also den Herd vor Schmutz? Manche »Experten« empfehlen, die nicht genutzten Platten mit Küchenpapier abzudecken. Prima Idee, wenn man auf offenes Feuer in der Küche steht, denn irgendwann macht man ja doch die falsche Platte an. Dann gibt's da noch den Vorschlag, die Herdplatten mit Alupapier abzudecken. Auch wenn da nichts kokeln kann, es sieht doch ein bisschen albern aus, oder? Außerdem verrutscht es ständig, und von unnötiger Rohstoffverschwendung wollen wir erst gar nicht reden. Deshalb also doch putzen, und das geht so: Im Normalfall reinigt man den Herd mit Essigreiniger. Gegen die braunen Verkrustungen hilft Oxalsäure, und die ist in diversen Reinigern zu finden wie

zum Beispiel in Orangenreiniger (gibt's auch als Biovariante). Wer es farbenfroh mag, der kann auch Spinat auf die braunen Stellen schmieren, ist auch Oxalsäure drin.

HERDFELDER

Um die wieder schwarz zu kriegen, gibt's spezielle Farbe, unter anderem in der Tube, kostet zwar, hält aber ewig. Vorsicht bei Tipps à la mit Speck oder Butterbrotpapier einschmieren. Macht zwar schwarz, aber das Salz greift die Herdplatten an; und es stinkt jämmerlich beim nächsten Kochen.
Hat man Plastik auf den Platten verbrannt (Schussel! Falsche Platte!), hilft Nagellackentferner: auftragen und kurz einwirken lassen, dann lässt sich das Angekokelte abziehen.

CERANFELDER

Im Allgemeinen gilt: Ceranfeld = Glasoberfläche. Daher kann man alle Glasreinigungsmittel benutzen. Es geht aber auch Essigreiniger. Bei Angebranntem: Glaskratzer verwenden. Für den Glanz: Babypopotücher oder Spiritus. Achtung: Läuft was über und brennt an, sofort entfernen. Kokelt es nämlich fröhlich weiter auf dem Feld, brennt es sich ein, und dieses Loch kriegt man nie wieder weg. Um dem vorzubeugen, Vaseline mit einem Tuch über das Feld wischen. Egal was dann anbrennt, es lässt sich ganz leicht entfernen.

HERDSCHALTER

Abziehen (das geht nämlich) und in die Spülmaschine stecken. Vor dem Trockenprogramm aber wieder rausnehmen, sonst droht die Beschriftung auf den Schaltern zu verschwinden. Man kann sie auch einfach mit der Hand spülen.

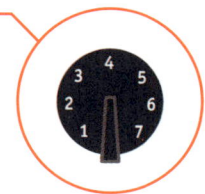

BACKOFEN

Den dunklen, klebrigen Schmodder im Ofen mit Salz bestreuen, dieses dann erhitzen, und zwar so lange, bis das Salz braun wird. Anschließend mit einem Küchentuch ausreiben und mit Spülmittel auswaschen. Übrigens, der Boden des Backofens bleibt sauber, wenn er mit Alufolie – matte Seite nach unten – ausgelegt wird.

ROSTIGE BACKBLECHE

Nix Chemie, Tomaten helfen mindestens genauso gut. Egal ob aus Holland oder Bio, eine Tomate nehmen, aufschneiden, Blech damit abreiben, abspülen und anschließend mit einem weichen Tuch polieren. Wer Tomaten lieber isst, nimmt einen Bimsstein.

GRILLROST

Den noch heißen Rost nach dem Grillen in ein feuchtes Tuch oder nasses Zeitungspapier wickeln und ein, zwei Stündchen liegen lassen. Durch den Dampf reinigt er sich fast von selbst. Fast heißt in diesem Fall, ums Abwaschen kommt man nicht herum. Wer nicht stunden-

lang warten will, der muss Kaffee trinken. Kaffeesatz ist nämlich ein prima Scheuermittel für eingesaute Grillroste.

ANGEBRANNTE TÖPFE UND PFANNEN

Wasser drauf, Backpulver, Essig oder Spülmittel rein, aufkochen fertig. Bei ganz harten Anbrennereien einen Spülmaschinentab rein, ebenfalls aufkochen. Ansonsten funktioniert dasselbe wie beim Backofen. Also Salz in Pfanne oder Topf erhitzen, und zwar so lange, bis es braun wird. Anschließend ausspülen. Diese Prozedur beseitigt übrigens auch alle alten Gerüche in Topf und Pfanne.

THERMOSKANNE

Die ekeligen braunen Flecken verschwinden am einfachsten mit Backpulver. Eine Tüte in die Kanne schütten, warmes Wasser drauf und mindestens zwei Stunden stehen lassen. Hinterher gut mit ebenfalls warmem Wasser ausspülen. Wer sich selten ekelt, kann auch Gebissreiniger nehmen: gleicher Ablauf, nur länger stehen lassen, am besten über Nacht.

TEEKANNE

Die braunen Flecken, die sich gern mal außen an der Kanne tummeln, mit Essig oder Salz abreiben. Die braunen Flecken innen ruhig wohnen lassen. Teekannen werden nur mit Wasser ausgespült, jeder Reiniger würde beim nächsten Tee zu schmecken sein.

FLECKIGES BESTECK

Passiert eigentlich nur in der Spülmaschine. Deshalb immer ein Stück zusammengeknüllte Alufolie mit in den Besteckkorb legen. Eine halbe Zitrone geht auch, die riecht außerdem gut, man muss eben nur jedes Mal eine lädierte halbe Zitrone entsorgen.

ANGEROSTETES BESTECK

Passiert ebenfalls meist in der Spülmaschine. Macht aber nichts, einfach das Besteck in einen Behälter mit Cola legen und eine Weile einwirken lassen. Die Säure in der Cola löst den Rost, und der lässt sich dann abwischen.

GLÄSER

Trinkgläser, die man nicht in die Spülmaschine geben möchte oder kann (weil gerade keine da ist), werden auch so blank: Einfach einen ordentlichen Spritzer Essig ins Spülwasser geben, später klar ausspülen, noch später polieren.

STUMPFE GLÄSER

Einen Liter Wasser mit einem Esslöffel Borax (auch bekannt als Tinkal oder Natriumborat) mischen. Die Gläser abwaschen und danach unbedingt ALLE Reste mit klarem Wasser abspülen. Borax kann schon in kleineren Mengen zu Durchfall, in größeren zum Tod führen. Darüber trösten auch saubere Gläser nicht hinweg.

KERAMIKSPÜLE

Heißes Wasser einlaufen lassen, Spülmaschinentab rein und das Ganze über Nacht stehen lassen.

EDELSTAHLSPÜLE

Es muss nicht immer Chemie sein, um die zum Glänzen zu bringen. Abreiben mit rohen Kartoffelschalen, hinterher mit einem Tuch nachpolieren, glänzt auch.

SPÜLBÜRSTE UND SCHWAMM

Jetzt mal was zum Ekeln: Untersuchungen haben ergeben, dass sich in einem durchschnittlichen Haushaltsschwamm mehr Keime rumtreiben als in einer Toilette. Deshalb regelmäßig

ÜBRIGENS:

Unkehrbar ist umkehrbar! Sind die Besenborsten zusammengeknautscht und zerdrückt, steckt man sie kurz in fast kochendes Wasser, und sie richten sich wieder auf.

wechseln, am besten doppelt so oft wie die Zahnbürste, also höchstens eine Woche benutzen. Was die Spülbürsten angeht, die dürfen ab und zu in den Geschirrspüler, sollten aber ebenfalls oft erneuert werden.

> Fußböden & Oberflächen

Die finden sich nun mal überall und werden auch hastdunichtgesehen dreckig. Es gibt aber kein Gesetz, das bestimmt, dass sie auch dreckig bleiben müssen.

FUSSBÖDEN FEGEN

Sehen Sie mich noch? Nein, aber Ihre Stimme kommt mir bekannt vor. Das muss nicht sein. Einfach Sägemehl verstreuen und dann fegen, das hält den Staub am Boden.

GUMMI- UND KUNSTSTOFF

Niemals Öl, Benzin, Schmierseife, Säuren oder scharfe Reiniger benutzen! Stattdessen mit mildem Seifenwasser oder Terpentinersatz vor- und ab und zu mit flüssigem Bohnerwachs nachwischen. Es ist auch möglich, den Boden mit einer Autopolitur leicht einzuwachsen und zu polieren. Wer kein Auto hat, viel Zeit oder nur kleinere Flächen und Flecken, Zahnpasta drauf und ebenfalls polieren. Sorte ist wurscht.

HOLZBÖDEN

Leichten Staub kann man auf allen Holzböden einfach wegsaugen. Sind Flecken drauf und ist der Boden versiegelt, ist kalter schwarzer Tee ein Supermittel zum Putzen. Entweder pur oder leicht verdünnt. Ungestrichene, nachgedunkelte Holzböden bekommt man auch wieder hell. Scheuersand mit frisch gelöschtem Kalk (Baumarkt) mischen: drei Viertel Sand, ein Viertel Kalk und damit schrubben. Macht Muckis.

VERSIEGELTES PARKETT

Mit irgendeinem ganz milden Reiniger feucht wischen, nicht nass. Der Unterschied: Bei nass könnte man die ein oder andere Seeschlacht nachspielen, feucht trocknet gleich wieder, und das ist wichtig fürs Parkett, sonst quillt es. Flecken kann man gut mit Spiritus abreiben.

NICHT VERSIEGELTES PARKETT

Auch das wird gewischt, auch feucht, nur ohne den Reiniger.

MARMOR

Böden mit klarem Wasser wischen. Flecken: Schwierig! Etwas Salz auf eine aufgeschnittene Zitrone und vorsichtig, sehr vorsichtig reiben. Wer doll draufrumschrubbt, ruiniert nur die Politur. Bei ganz schlimmen Flecken, wenn es geht, die Platte in der grellen Sonne bleichen. Wenn auch das nichts bringt, Bleichmittel aus dem Fachhandel drauf. Ruhig öfter wiederholen, kann schon mal ein paar Tage dauern. Wenn der Fleck aufgegeben hat, mit Spezialwachs einreiben und polieren.

MOSAIKBÖDEN

Die wischt man mit Seifenwasser. Starke Flecken lassen sich mit Zitronensaft wegreiben. Trocknen lassen, mit Leinöl einreiben und einem nicht fusselnden Tuch polieren. Wer Lust auf Eiskunstlauf hat, kann zum Polieren auch Bohnerwachs nehmen, wird herrlich rutschig.

TEPPICHE UND TEPPICHBÖDEN

Manchmal muss es eben mehr sein als saugen. Teppiche entweder mit der Oberseite in den Schnee legen (wenn gerade welcher da ist), der zieht nämlich prima den Dreck raus, oder aber Sauerkraut nehmen. Letzteres funktioniert auch bei

ÜBRIGENS:
Parkett wischt man längs der Maserung.

Teppichböden. Das Sauerkraut muss aber roh sein und gut abgetropft. Das Zeug auf den Teppich streuen und ihn kräftig damit abreiben. Danach das Gröbste mit dem Besen entfernen und die Reste absaugen. Wer keine Lust auf Experimente hat, nimmt entweder teuren Teppichreiniger oder rührt eine Lauge aus Waschmittel und heißem Wasser an. Diese wird mit einer Bürste quer und längs in den Teppich gerieben und dann mit einem Schwamm aufgenommen. Ist der Dreck auf dem Teppich noch ganz frisch, dann viel Mineralwasser draufgießen und schließlich mit einem Schwamm wieder aufsaugen. Will man seine Teppichböden aufhellen, spielt man Winterdienst und streut viel Salz drauf. Etwa eine Stunde einwirken lassen und absaugen.

> Möbel
Man verbringt in der Regel mehr Zeit im Kontakt mit Möbeln als mit dem Schatz. Der putzt sich auch meistens selbst, bei Möbeln geht das so:

BAMBUSMÖBEL
Zwei Dinge braucht der Putzer: Lappen und Petroleum, einfach abreiben.

EICHENMÖBEL
Egal ob Pils oder Helles, Bier etwas warm machen und damit über die Möbel wischen. Nicht lange rumtrödeln, sondern sofort danach mit einem sauberen Lappen trockenreiben.

HOLZMÖBEL
Da hilft schwarzer Tee (eine halbe Tasse Wasser pro Beutel, bei großen Möbelstücken natürlich von allem mehr). Tee zehn Minuten ziehen lassen, Teebeutel rausnehmen und das Möbel nicht zu feucht abreiben. Farbe und Glanz kehren ganz fix

ÜBRIGENS:
Bier hilft auch bei verstaubten Pflanzenblättern. Zur Hälfte mit Wasser verdünnen und die Blätter damit abreiben. Die glänzen danach wie neu. Apropos Bier: Blumen mögen Bier. Ebenfalls etwa zur Hälfte mit diesmal aber abgekochtem Wasser vermischen und damit gießen, dann wachsen sie besser und blühen schöner.

zurück. Sind kleinere Kratzer im Holz, dann mit einer halben Haselnuss drüberreiben, so sollten sie verschwinden. Wer sich gern spiegelt in Holzmöbeln, dem kann man Babypflegetücher empfehlen. Egal ob helle oder dunkle Möbel, einfach damit abwischen.

LEDERMÖBEL
Um die Polster aufzufrischen (was ja ab und an sein muss), nimmt man entweder sauteure Spezialreiniger oder aber Bodylotion. Die billigste mit den wenigsten Nebenstoffen reicht völlig. In Lederreiniger und Bodylotion ist nämlich so ziemlich dasselbe drin. Vielleicht funktioniert es ja auch umgekehrt? Ist oder wird das Leder brüchig, dann einen Teil Essig mit zwei Teilen Leinöl vermischen und damit abreiben.

POLSTERMÖBEL
Da gibt's zwei Reinigungsvarianten ohne die üblichen Polsterreiniger. Erstens: Natron und Essig mit Wasser verdünnen und dann mit einem groben Tuch drüberreiben. Und zweitens: Rasiercreme aus der Dose. Aufsprühen, kurz einziehen lassen und ausbürsten.

> Fenster & Glasoberflächen

Vorhänge funktionieren zwar auch, aber ewig im dunklen Zimmer sitzen, nur um die dreckigen Scheiben nicht anschauen zu müssen?

FENSTERSCHEIBEN

Ist draußen strahlender Sonnenschein, und drinnen kommt nur ein müdes Funzeln an, dann wird es aber Zeit. Die Scheiben zuerst mit irgendeinem Putzzeug feucht abwischen, zur Not geht sogar Shampoo. Wer will, kann auch klares Wasser nehmen und einen Schuss Tafelessig dazugeben. Dann anstelle eines Tuchs Zeitungspapier zum Trockenwischen nehmen, das fusselt nicht und sorgt dafür, dass es keine Streifen gibt.

SCHEIBE BLIND

Wer nicht will, dass einer reinguckt, der kann seine Scheiben undurchsichtig machen. Das empfiehlt sich für Bewohner von Erdgeschosswohnungen, die auf einen gewissen Rest von Privatleben nicht verzichten wollen. Man nehme einen Viertelliter Weißbier und löse darin ein halbes Pfund Salz auf. Dann die Scheibe, so hoch man will, damit bestreichen. Den Belag kann man übrigens wieder abwischen.

FENSTERRAHMEN

Die putzt man mit derselben Mischung wie für die Scheiben, bei Alufenstern kann man sein Glück mit Silberpolitur versuchen.

ÜBRIGENS:

Eisblumen tauchen gar nicht erst auf, wenn man ins Putzwasser pro Eimer etwa eine Tasse Frostschutzmittel oder Spiritus gibt.

FENSTERBÄNKE

Etwas Spiritus mit Wasser verdünnen und die Bänke mit einem weichen Tuch abwischen. Gegen Ablagerungen von Wasserstein oder Ähnlichem hilft Backpulver: Auf einen feuchten Lappen geben und damit abwischen. Hinterher mit Sonnenblumenöl einreiben und blank polieren. So perlt das Wasser besser ab.

FLIEGENGITTER

Zuerst mit dem Staubsauger drüber (ist egal, wie die Nachbarn gucken), Pinsel geht auch, dauert nur viel länger. Dann mit einer in Petroleum getränkten Bürste von beiden Seiten schrubben. Anschließend mit einem trockenen Tuch nachreiben, sonst rostet's.

VASEN

Die Vase zu eng, die Hände zu groß und die Flaschenbürste bringt es auch nicht? Dann Wasser mit etwas Spülmittel in die Vase und einen gehäuften Löffel Reis hinterher. Das Gefäß kräftig schütteln. Nicht vergessen zuzuhalten.

KRISTALLLÜSTER

Muss man nicht abschrauben zum Putzen. Einen Becher mit drei Teilen Wasser und einem Teil hochprozentigem Alkohol füllen (es muss nicht der beste Wodka sein) und dann nacheinander alle Kristallteile eintauchen. Die Teile, die in den Becher nicht reinpassen, mit der restlichen Lösung abwischen. Vorteil: Es bleiben keine Fingerabdrücke, Fusseln oder Wasserflecken zurück.

BRILLENGLÄSER

Mag ja sein, dass die Wand gestern noch nicht da war, wahrscheinlicher ist allerdings der mangelnde Durchblick. In diesem Fall hilft Wodka. Jawohl. Ein paar Tropfen auf die Brille (!), trockenreiben, fertig.

GLASOBERFLÄCHEN

Etwas Zitronensaft drauf, dann abwischen und anschließend am besten mit Zeitungspapier polieren (gibt keine Schlieren und fusselt nicht). Kratzer auf Glas gehen mit Zahnpasta weg, aber nur kleine.

> Metalle

Die werden wahrscheinlich nicht so oft gebraucht, sollten aber, wenn sie schon mal zum Einsatz kommen, auch gut aussehen. Nach der Pflicht in Küche und Bad, jetzt also die Kür der Metalle.

ALUMINIUM

Das sollte man mit Zitronensaft abreiben und ab und zu in Essigwasser kochen. Ist Alu schon dunkel geworden, dann ebenfalls ab in kochendes Wasser, dazu aber diesmal Apfelschalen oder Rhabarberblätter mitkochen. Beides schmeckt hinterher übrigens nicht mehr.

BRONZE

Hier hilft stinknormale Seifenlauge. Ein paar Tröpfchen Spiritus dazugeben und mit klarem Wasser abspülen. Polieren!

CHROM

Mehl oder Backpulver nehmen (je nachdem, was gerade reichlich da ist) und mit einem weichen Lappen polieren. Nur wenn's stinkt, wird's auch richtig sauber, wer daran glaubt, der kann für sein Chromzeug auch Petroleum nehmen. Mit einem darin getränkten Lappen abreiben. Ums Polieren kommt man aber trotzdem nicht herum.

EDELSTAHL

Hier bewährt sich Zitrone im Kampf gegen den Kalk. Ein paar Spritzer pur auf den Kochtopf, kurz warten und dann abwischen.

GOLD

Ist es zum Beispiel ein Goldrahmen, dann diesen mit einer Mischung aus Wasser und Salmiakgeist abwischen. Auf einen Viertelliter Wasser kommen zwei Esslöffel Salmiak. Zum

Glänzen bekommt man es, indem man Eiweiß und etwas Salz mischt, das gute Stück bepinselt und nachpoliert.

GOLDBRONZE
Leichten Dreck mit der Lösung aus zwei Esslöffeln Salmiakgeist und einem Liter Wasser putzen, abspülen und trockenreiben. Starken Dreck kriegt man weg mit einer Mixtur aus einem Esslöffel Spiritus auf einen Liter Seifenwasser. Anschließend ebenfalls mit klarem Wasser abspülen und abtrocknen.

GOLDSCHMUCK
Angelaufene Klunker werden mit Zigarrenasche und einem Tuch gereinigt. Möglich auch: mit Seifenwasser und einer weichen (!) Bürste vorsichtig (!) schrubben. Anschließend mit klarem Wasser abspülen, in hochprozentigen Alkohol (90 Prozent) legen und zu guter Letzt mit einem Ledertuch nachpolieren.

GUSSEISEN
Ist bekanntlich schwer und schwer zu reinigen. Vor dem ersten Gebrauch mit heißem Wasser abspülen, sorgfältig trocknen und dann ganz leicht einfetten, damit nichts rostet. Ansonsten Gusseisen, so lange es geht, trocken reinigen. Wenn Abwaschen nicht mehr zu vermeiden ist, dann nur klares, heißes Wasser nehmen und hinterher wieder gründlich trocknen und leicht einfetten.

KUPFER
Mit Essig säubern und mit einer Salzlösung nachspülen. Wer will, kann auch seinen Vorratsschrank plündern und das Kupfer mit Sauerkrautbrühe oder Buttermilch wieder auf Hochglanz bringen. Möglich ist auch Zitronensaft, hinterher klar spülen und polieren. Salmiak ist ebenfalls ein prima Kupferputzmittel.

Pur auf ein Tuch, abreiben, mit warmem Wasser nachspülen und trockenreiben.

MESSING
Zitronen aufschneiden und damit einreiben, kurz einziehen lassen, anschließend mit einem Lappen polieren. Eine Pampe kann man sich auch zum Putzen basteln. Salz nehmen und so lange Essig draufträufeln, bis sich ein Brei gebildet hat. Damit abreiben.

SILBER
Variante eins: Zahncreme (welche ist egal, nur weiß muss sie sein) mit einem Lappen auftragen, abreiben, abspülen.
Variante zwei: Heller wird angelaufenes Silber auch, wenn es mit heißem Wasser übergossen wird, in dem vorher Salzkartoffeln gekocht wurden.
Variante drei: Eine Schüssel mit Alufolie auslegen. Dann etwa zwei gehäufte Teelöffel Salz und das angelaufene Silber hineinlegen. Wichtig: Der silberne Gegenstand muss die Alufolie berühren. Dann kochendes Wasser drüber. Nach ungefähr ein bis zwei Minuten sollte selbst stark angelaufenes Silber wieder hell sein.
Variante vier: Über Nacht in Bier legen (Sorte ist wurscht), mit klarem Wasser abspülen und dann polieren.

ZINK
Becher oder Ähnliches in eine starke Sodalösung geben und anschließend auskochen. Hinterher mit heißem, klarem Wasser abspülen und trockenreiben.

ÜBRIGENS:
Silberbesteck läuft garantiert nicht an, wenn man ein Stück Schulkreide in den Besteckkasten packt. Liegt Silber in einem Plastikbeutel, läuft es übrigens auch nicht an. Warum auch immer.

ZINN

Entweder mit einem feuchten Tuch und Natron polieren oder aber Bier warm machen und damit einreiben, anschließend polieren. Für die Freunde von Pampe: Schlämmkreide (Baumarkt) auftragen, antrocknen lassen, entfernen und dann polieren.

Was mache ich jetzt?

Da gibt es ein paar Möglichkeiten. Wie wäre es erst mal mit freuen und ein Bad nehmen? Aus Olivenöl und Milch lässt sich ein prima Badeöl fix selber machen. Einen Liter Milch ins Wasser geben, am besten erst wenn die Wanne voll ist, sonst flockt sie aus. Dazu ein bis zwei Esslöffel Olivenöl, umrühren, sich reinlegen und genießen. Macht kuschelweiche Haut. Wer aber auf den Geschmack gekommen ist und Lust hat, gleich wieder von vorn anzufangen mit dem Putzen, der kann die eigenen Wände als Austragungsort für die ein oder andere Großveranstaltung anbieten. Übrigens, selbst kleinere Partys können Erhebliches anrichten.

Wahre Wundermittel

Sachen, von denen man nicht glaubt, was man mit ihnen für Sachen machen kann ...

Backpulver: Klar kann man damit backen, aber man kriegt damit auch vieles sauber. Backpulver ist eine Mischung aus Natriumhydrogencarbonat (wer es dreimal ganzschnellhintereinanderaufsagenkann, kriegt einen Orden), eine Art Natron, und einem Säuerungsmittel wie zum Beispiel Zitronensäure – durch eine Reaktion der beiden entsteht Kohlendioxid, und das wiederum vollbringt all die tollen Dinge, wie z. B. Fliesenfugen aufhellen s. S. 19, die man mit Backpulver so anstellen kann.

Cola: Wer wissen will, was genau drin ist, der wende sich vertrauensvoll an die Hersteller. Die Antwort wird lauten: Sagen wir nicht, ist geheim und geht Sie gar nichts an. Was aber Cola zum Haushaltshelfer macht, ist die darin enthaltene Phosphorsäure. Dass sich darin ein Stück Fleisch über Nacht auflöst ist ein Märchen, wahr ist aber, dass der Anteil der Phosphorsäure in der Cola ausreicht, um Metall zu entrosten. Hinterher bildet die Cola sogar eine Schutzschicht aus Eisenphosphat. Nett oder? Ist übrigens wurscht, ob normale oder Cola light.

Essig: Der entsteht aus Wein, dem Essigbakterien zugeführt werden. Das Ganze gärt, und schwupps wird aus Wein Essig. Generell gilt: je besser der Wein, desto besser schmeckt der Essig. Essig zum Putzen oder Ähnliches wird meistens synthetisch hergestellt, am häufigsten mit der katalytischen Umsetzung von Methanol mit Kohlenmonoxid, dann noch Druck dazu, fertig. Was Essig unter anderem zum Putzmittel macht, ist die darin enthaltene Essigsäure, die auch gern mal Ethansäure genannt wird. Und die ist Feind Nr. 1 von Fett und Dreck.

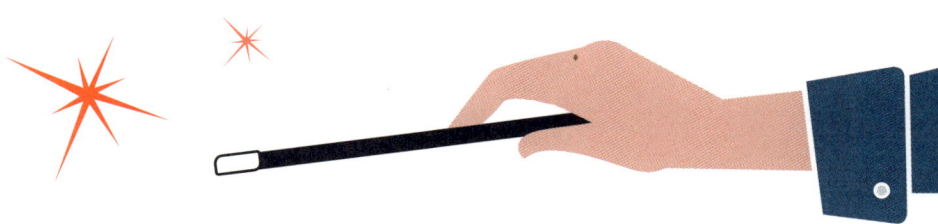

Kreide: Ist eigentlich Kalk in Pulverform oder – für den, der auf lange Wörter steht – Calciumcarbonat. Kreide zieht Feuchtigkeit (ist nun mal so), und das schützt Werkzeuge, Bestecke oder Ähnliches vor dem Anlaufen oder Rosten (Oxidieren). Übrigens, früher mal hatten die Leutchen viel weniger Probleme mit Feuchtigkeit oder Schimmel in ihren Häusern, weil sie die Wände mit Kreidefarbe gestrichen haben.

Soda: Das ist eine Modifikation der chemischen Verbindung Natriumcarbonat. Es gibt noch sechs andere Modifikationen, aber die tun hier nix zur Sache. Soda wurde bereits im Altertum als Bleich- oder Waschmittel benutzt. Damals musste es mühsam an Salzseen zusammengekratzt werden, heute wird es chemisch hergestellt. Die meisten modernen Waschmittel enthalten Soda. Pur wirkt es wahre Wunder beim Waschen und Trocknen. Das wussten übrigens schon die alten Ägypter, die benutzten Soda zum Trocken und Mumifizieren von Leichen.

Zitrone: Was in der wirkt, sowohl beim Putzen als auch beim Obst-und-Gemüse-haltbarer-Machen, ist Ascorbinsäure oder um es einfacher zu sagen: {(R)-5-[(5)-1,2-Dihydroxyethyl]-3,4-dihydroxy-5H-furan-2-on}. Wer wissen will, wieso die Säure so wirkt, der frage einen Chemie-Professor seiner Wahl und bringe mindestens ein Stündchen Zeit für die Antwort mit.

Was brauche ich?

ESSIG
FRISCHHALTEFOLIE
KÜCHENPAPIER
KÜHLSCHRANK
VERSCHLIESSBARE DOSEN UND/ODER GLÄSER
ZEITUNGSPAPIER
ZITRONENSAFT

02 ÜBER VORRATSHALTUNG, KOCHEN & BACKEN

Die zu verzeichnende Quantität der verarbeiteten Nahrungs-
güter per annum verhält sich umgekehrt proportional zur
Quantität der lokalen fachspezifischen Referenzwerke. Oder:
Obwohl immer mehr Koch- oder Backbücher auf dem Markt
sind, wird immer weniger selbst zubereitet. Es soll sogar
Menschen geben, die nicht mal mit einem Plan in der Hand
den Herd in der Küche finden und trotzdem mehrere Rezeptbücher im Haus haben. Immer öfter wird hierzulande Fertig-
zeug aufgewärmt, anstatt selbst zu kochen. *Weil's schneller
geht*, heißt es als lahme Ausrede. Die Wahrheit dürfte wohl
eher zwischen *keine Vorräte, keine Ahnung* und *keine Lust,
was dreckig zu machen* liegen. Was den leeren Kühlschrank
angeht, gibt's einige Internetseiten (z. B. **www.lookcook.net**),
die einem selbst für die mickrigste Vorratshaltung Rezept-
vorschläge liefern. Sollte eher *keine Ahnung, in welche
Richtung die Herdschalter gedreht gehören* oder *keine Lust, was
dreckig zu machen* der Grund für mangelnde Küchenaktivitäten
sein, hilft Ihnen dieses Kapitel weiter.

WIE HALTE ICH VORRÄTE?

Lebensmittel sollten generell immer trocken, kühl und dunkel gelagert werden. Das geht natürlich auch nur eine Zeit lang gut; hat sich erst mal grünweißes Zeug (Schimmel) gebildet, wird's kritisch. Man sieht vom Schimmel meist nur den sogenannten Pilzrasen, dummerweise wuchert unter dem Rasen ein unsichtbares Fadengeflecht, das Giftstoffe absondert. Schimmelgifte können Leber, Nieren und Abwehrkräfte schädigen, man vermutet auch eine krebserregende Wirkung. Verbreitet wird Schimmel durch Sporen. Er gedeiht besonders prima dort, wo es warm und feucht ist. Es gibt folgende Möglichkeiten, mit angegammelten Lebensmitteln umzugehen:

So besser nicht:

1. In Tränen ausbrechen.
2. Finger rein und kosten (die Notrufnummer 112 gilt übrigens bundesweit).
3. Leute zum Essen einladen, die man nicht leiden kann.
4. Alles wegschmeißen.

Besser so:

1. Wegschmeißen, was komplett verschimmelt ist.
2. Bei ganzen Brotlaiben und Hartkäse die verschimmelten Stellen großzügig abschneiden. Bei Konfitüre mit einem Zuckergehalt von über 60 Prozent den Schimmel sehr großzügig rauspulen. Bei unter 60 Prozent Zuckeranteil hilft nur wegschmeißen.
3. Immer wegwerfen sollte man bei Schimmelbefall: Nüsse, Obst und Lebensmittel mit hohem Wassergehalt, also Joghurt, Quark, Säfte, Käse in Scheiben etc.
4. Behälter, in denen es geschimmelt hat, immer sofort mit Essigwasser auswaschen, sonst schimmeln die nächsten Lebensmittel gleich fröhlich weiter.

WIE HALTE ICH WAS FRISCH?

Wein wird mit dem Alter meist besser (außer Beaujolais),
Lebensmittel werden zwar auch älter, aber nicht unbedingt
besser. Wie man was lagert, steht hier:

> Obst, Gemüse & Kräuter

AVOCADO

Oh Gott, ich schaff' keine ganze! Deshalb die nicht verbrauchte
Avocadohälfte mit Zitronensaft beträufeln, in Frischhalte-
oder Alufolie wickeln und dann samt Kern in den Kühlschrank
packen. Bei Avocadomus auch Zitronensaft drauf und ebenfalls
mit Kern in den Kühlschrank.

FRÜCHTE

Nach dem Aufschneiden sofort – sonst nützt es nix – Zitronensaft drüberträufeln. Nicht übertreiben, der Saft einer Zitrone
reicht für etwa ein Kilo Früchte.

ÜBRIGENS:

Gefrorenes Gemüse zum Auftauen in ein Sieb geben und in die Spüle stellen, so kann das Gefrierwasser gut abtropfen. Soll's schnell gehen, ab damit in ein Wasserbad. Wenn es gleich Gemüsepampe werden soll: heißes Wasser drüberkippen.

GEMÜSE

Dieses Grünzeug lebt viel länger, wenn es nicht in Plastik, sondern in Zeitungspapier im Kühlschrank gelagert wird. Generell hält sich Gemüse im Kühlschrank besser, wenn der Boden des Gemüsefachs mit Küchenpapier ausgelegt ist. Ein Schwamm im Gemüsefach erfüllt übrigens den gleichen Zweck, denn auch der zieht die Feuchtigkeit raus.

GESCHÄLTE KARTOFFELN

Die Augen größer als der Mund und zu viele Kartoffeln geschält? Dann die überzähligen in einen Topf mit Wasser in den Kühlschrank stellen. Ein paar Spritzer Essig dazutun.

KNOBLAUCH

Lässt sich prima in einer Plastiktüte im Tiefkühlfach lagern. Diese sollte allerdings fest verschlossen sein. Angefangene Stücke trocknen nicht aus, wenn sie geschält in Salatöl liegen. Das Öl schmeckt hinterher übrigens prima.

KRÄUTER

Frische Petersilie, Dill, Schnittlauch etc. lassen sich prima einfrieren, am besten in gewöhnlichen Gefrierbeuteln. Wer will, kann die Kräuter auch zuerst klein hacken, mit Wasser in Eiswürfelbehälter füllen und dann einfrieren. Ergebnis: portionierte Kräutereiswürfel. Tauen problemlos in der Suppe wieder auf.

SALATE

Putzen und waschen, anschließend schleudern und am besten in einer Papiertüte oder Zeitungspapier im Kühlschrank lagern. Hat man gerade nur eine Plastiktüte, dann diese offen lassen oder großzügig Löcher in die Tüte schnippeln. Manchmal bilden sich nämlich Fäulnisgase, und die müssen ja irgendwie raus.

UNREIFE FRÜCHTE

Obst zusammen mit einem Apfel aufbewahren, da kann man fast zugucken, wie es nachreift. Tomaten mit dem Stiel nach oben an einen warmen Platz legen, je dunkler, desto besser – in der Sonne reifen sie nicht nach! Avocados reifen erstaunlicherweise am besten nach, wenn man sie in Mehl legt.

ZITRONENHÄLFTE

Bis die schimmelt, das dauert ja bekanntlich. Damit sie nicht austrocknet, die halbe Zitrone mit der Schnittfläche in eine Tasse legen, deren Boden mit Zucker bestreut ist. So bleibt die Hälfte mindestens zehn Tage anständig saftig.

ZWIEBELN

Die Gesellen leiden unter einer Art Gruppenzwang. Wenn man sie einzeln in Alufolie einwickelt, treiben sie nicht aus; außerdem bleiben sie so länger fest. Angeschnittene Zwiebeln halten sich besser, wenn die Schnittfläche mit Butter eingerieben wird; wickelt man sie danach in Folie, riecht's auch nicht mehr im Kühlschrank.

> Käse, Eier & Milchspeisen

EIER FRISCH?

Test Nummer eins: Das Ei in ein Glas mit Wasser legen. Sinkt es zielstrebig, dann aufessen; schwimmt es aber, dann weg damit oder für die nächste Demo aufheben.
Test Nummer zwei: Ei genau angucken: Frische Eier sehen rau und kalkig aus, nicht frische glatt und glänzend.

EIERSCHNEE STEIF HALTEN

Bevor der wieder flüssig wird, eine Prise Salz dazugeben. Etwas Zitronensaft tut es auch.

ÜBRIGENS:
Preiselbeeren schmecken nicht nur prima zu Wild, sie verhindern auch, dass selbst eingekochte Marmelade schimmelt, funktioniert aber nur bei roten Früchten. Ein paar Preiselbeeren mit einkochen, dann schimmelt nichts mehr oder wenigstens nicht mehr so schnell. Grund: Preiselbeeren enthalten ein natürliches Konservierungsmittel, die Benzoesäure.

ÜBRIGENS:
Zitronen geben viel mehr Saft, wenn sie vor dem Auspressen etwa 15 Minuten in warmes Wasser gelegt werden (nur mit unbehandelten machen!). Alle Zitronen geben wesentlich mehr Saft, wenn sie vor dem Auspressen mit Druck (nicht übertreiben) auf einer Arbeitsfläche hin und her gerollt werden.

ÜBRIGENS:

Hab ich das Ei schon gekocht? Das Ei drehen. Wackelt es und dreht sich langsam, ist es roh, rotiert es gleichmäßig und schnell, ist es gekocht.

ÜBRIGENS:

Zu spät: Brot ist nicht mehr frisch. Dann das trockene Brot in ein feuchtes Tuch wickeln und in den Kühlschrank legen. Nach etwa einem Tag wieder rausnehmen und im vorgeheizten Ofen aufbacken. Tuch vorher entfernen.

EIGELB ÜBRIG

In eine Tasse damit, kaltes Wasser drüber, sodass es bedeckt ist, und in den Kühlschrank stellen. Das bewahrt den Dotter einige Tage vor dem Austrocknen.

KÄSE LAGERN

Der bekommt nicht so schnell diese hübschen bunten Flecken und wird auch nicht so fix trocken, wenn er in Butterbrotpapier eingewickelt in einer Tupperdose in den Kühlschrank gepackt wird. Wer keine Dose hat, kann auch ein feuchtes Tuch nehmen, es mit Essig besprenkeln, den Käse darin einwickeln und kühl lagern.

QUARK LAGERN

Die Packung auf den Kopf stellen und im Kühlschrank lagern verlängert die Haltbarkeit. Packung muss übrigens verschlossen sein.

> Brot & Gebäck

BROT

Variante eins: In einen Plastikbeutel und ab in den Kühlschrank. **Variante zwei:** In den Brotbeutel, Brotkasten oder Ähnliches ein Stück Sellerie tun.

CRACKER UND ÄHNLICHES

Die Biester vertrocknen ja selbst originalverpackt mit der Zeit. Deshalb in ein verschließbares Gefäß umfüllen und im Kühlschrank lagern. Ja, das Gefäß muss geschlossen werden!

CHIPS, CORNFLAKES ODER CRACKER

Zu spät, sie sind schon labberig? Dann den Grill ordentlich auf Temperatur bringen, und die weichen Teile auf einem Backblech einige Minuten erhitzen.

HEFE

Am besten immer frische nehmen. Aufheben lässt sie sich nie besonders lange und wenn, dann am besten stramm in Alufolie gewickelt im Kühlschrank oder aber in einem Schraubgefäß, noch besser ist etwas mit Vakuumverschluss. Die Reste kann man in Folie verpackt einfrieren. Sie hält sich so bis zu drei Monaten und verliert kaum Treibkraft.

KEKSE LAGERN

Da tut's am besten die gute alte Blechdose. Mit Pergament oder Küchenpapier auslegen, Kekse rein und gut.

KUCHEN

Einen angeschnittenen (halben) Apfel mit in die Kuchendose legen. Ist der Kuchen schon angeschnitten, bleibt's bei dem Apfel, nur an der Anschnittstelle eine Scheibe frisches Brot befestigen. Tackern sieht nicht aus, besser mit z. B. Zahnstochern. Generell lässt sich Kuchen prima im Kühlschrank lagern, vorher aber feste mit Alupapier umwickeln, dann müffelt der Kuchen nicht nach Kühlschrank.

ÜBRIGENS:

Kuchen in Kastenform immer von der Mitte her anschneiden. Dann kann man ihn wieder zusammenschieben. So entstehen keine trockenen Randstücke, und der Kuchen bleibt innen schön saftig.

LEBKUCHEN

Die neigen ja dazu, knüppelhart zu werden. Ist das passiert, eine Scheibe Schwarzbrot mit in die Dose legen, dann werden sie wieder weich. Dauert allerdings etwa einen Tag.

PLÄTZCHEN

Frühlingsanfang und Hunger auf die Kokosmakronen von Weihnachten? Die bekommt man wieder weich, indem ein feuchtes Tuch zwischen Dose und Deckel gespannt wird. Anschließend irgendwohin stellen, wo es kühl ist, es muss nicht unbedingt der Kühlschrank sein.

> Und außerdem

GETRÄNKE

Nur Flaschen, die mit einem Korken verschlossen sind, soll man liegend lagern, sonst trocknet der Korken aus und schließt nicht mehr luftdicht.

HÄHNCHEN

Alte Hühner werden zwar nicht wieder jung, schmecken aber frisch, wenn sie vor dem Zubereiten ein paar Stunden (drei bis vier sollten reichen) in Essig eingelegt werden.

MUSCHELN

Sollte man frisch essen. Um rauszukriegen, ob oder ob sie nicht mehr frisch sind, gilt folgende Faustregel beim Kauf: Geschlossene Muscheln sind frisch, offene schlecht. Faustregel nach dem Kochen: Offene Muscheln sind gut, geschlossene schlecht.

OLIVENÖL

Hält sich länger mit einem Stück Würfelzucker in der Flasche. Schmeckt man nicht raus.

WIE KOCHE ICH EINFACHER?

Koch- und Backrezepte gibt es hier nicht. Es existieren eh schon genug Rezeptbücher auf der weiten Welt. Wie man aber zum Beispiel mit übermütig am Knethaken hochkletterndem Teig fertig wird oder mit anderen Sachen, die einen wahnsinnig machen beim Kochen und Backen, das steht hier.

EIER KOCHEN

Mit einer Nadel oder einem Eierpikser anpiksen (vor dem Kochen), dann platzen sie nicht. Oder einen kleinen Schuss Essig ins Wasser.

FRIKADELLEN BRATEN

Die sollen ja außen knusprig und innen gut durch sein. Das klappt besser, wenn vor dem Braten oben eine Delle in die Mitte der Frikadelle gedrückt wird. Dann wird sie dort schneller gar. Die Delle geht übrigens beim Braten von allein wieder weg.

GETREIDEKAFFEE KOCHEN

Niemals kochendes Wasser auf den Malzkaffee, sondern dieses erst aufkochen, einen Moment abkühlen lassen und dann aufgießen, schmeckt besser.

KAFFEE KOCHEN

Ist bekanntlich eine Kunst für sich, Spezialrezepte füllen ganze Bibliotheken, deshalb hier nur die Grundlagen. Kaffeewasser immer frisch und kalt aufsetzen. Eine Prise Salz rein, verbessert das Aroma und macht den Kaffee milder. Natron verbessert ebenfalls das Aroma, damit wird das Wasser enthärtet. Immer möglichst kochend aufgießen und in Ruhe ziehen lassen.

KAROTTEN PUTZEN

Entweder Sparschäler nehmen oder, wenn's noch schneller gehen soll und ein Topfkratzer zu viel zu Haus rumfliegt, dann den nehmen. Egal, ob Kunststoff oder Metall, nur ungebraucht sollte er sein. Hinterher kann man ihn allerdings wegschmeißen.

KARTOFFELN KOCHEN

Entweder warten, bis sich die Kartoffeln mal bequemen, endlich zu kochen, oder aber einen Löffel Margarine ins Kochwasser geben. Das Wasser kocht schneller, weil dadurch der Siedepunkt gesenkt wird. Außerdem behalten die Kartoffeln so angeblich auch mehr Vitamine.

KARTOFFELSALAT SCHNELLER ZUBEREITEN

Statt mit dem Messer zu schnippeln, den Eierschneider nehmen. Vorher das Schälen und Kochen nicht vergessen.

MIT KNOBLAUCH LEBEN

Wenn dieser kleine grüne Spross in der Mitte der Zehe herausgeschnippelt wird, stinkt er weniger. Die Hände riechen nicht so doll, wenn man vor dem Pressen das letzte Häutchen um die Zehe nicht abpult, sondern dran lässt und mit durchdrückt. Nach dem Schnippeln die Hände nass machen und an Edelstahl (Spüle oder Wasserhahn) reiben. Herzhafter Knoblauchmundgeruch wird gedämpft, indem man nach dem Essen ein Glas Milch trinkt oder Schokolade isst. Letztere soll ja eh glücklich machen, dann ist einem das Genöle der anderen auch egal.

SCHNITZELFLEISCH KLOPFEN

Eine Lage Frischhaltefolie (in der Not tut's auch eine Einkaufstüte) nehmen, Schnitzelfleisch drauf und noch eine Lage Plastikfolie drüber. Anschließend klopfen und freuen, denn so zerfleddert das Fleisch nicht so doll.

PFANNKUCHEN WENDEN

Wen lustige Dinge an der Decke nicht stören, der kann
es gleich mit Werfen probieren, ansonsten den Pfannkuchen
auf einen entsprechend großen Topfdeckel gleiten lassen
und diesen dann auf die Pfanne stülpen.

ÜBRIGENS:

So werden Eiswürfel glasklar: Wasser abkochen, abkühlen lassen und dann einfrieren. Gekochtes Wasser enthält weniger Sauerstoff, gefriert also klar.

TEE KOCHEN

In der Teekanne immer nur Tee kochen und diese nicht mit chemischem Zeug säubern, sondern nur heiß ausspülen. Sollte das Wasser sehr hart (also stark kalkhaltig) sein, dann am besten Mineralwasser nehmen. Generell kaltes und frisches Wasser nehmen und kurz aufkochen lassen. Die meisten Tees finden es gut, mit nur 80 °C warmem Wasser aufgegossen zu werden und zugedeckt ziehen zu dürfen.

TOMATEN ODER PFIRSICHE ENTHÄUTEN

In eine Schüssel geben und heißes Wasser drüber, dann geht die Haut ab wie nix. Bei Gasherd und fehlender Schüssel die Früchte auf einer Gabel über die Flamme halten, bis die Haut platzt. Geht auch, macht aber mehr Sauerei.

HEULEN BEIM ZWIEBELSCHNEIDEN

Da gibt's jede Menge Methoden, dies zu vermeiden:
1. Nicht die Nase direkt über die Zwiebeln halten.
2. Frische Luft reinlassen, also Fenster und Türen auf.
3. Kaltes Wasser laufen lassen.
4. Die Zwiebeln vor und während des Schnippelns immer wieder mit kaltem Wasser abspülen.
5. Einen Schluck Wasser in den Mund. (Funktioniert auch mit Rotwein!)

WIE BACKE ICH EINFACHER?

KUCHENFORMEN EINFETTEN

Gilt besonders für die Formen mit dem gewellten Rand. Bevor man sich dabei die Finger bricht, während des Vorheizens die Backform samt einem Stück Butter erwärmen. Anschließend alles mit einem Pinsel verteilen.

ÜBRIGENS:

Toast toasten ohne Toaster: Herdplatte heiß machen, etwa mittlere Stufe. Alufolie drauf und dann den Toast dazu. Nicht weggehen!

LOCKER BACKEN

Eine Schale oder besser ein Schälchen, das Hitze gut überlebt,
mit Wasser füllen und mit in den Backofen stellen. Durch den
Wasserdampf wird jeder Teig lockerer.

RÜHRKUCHEN LÄUFT WEG

Damit sich nicht der gesamte Teig auf dem Ofenboden verteilt,
oben einige Makkaroni (das sind die Nudeldinger mit dem Loch
in der Mitte) senkrecht wie kleine Schornsteine in den Teig
stecken. Durch sie kann der Dampf entweichen.

WAS TUE ICH, WENN …?

Auch große Katastrophen haben mal ganz klein angefangen.
Damit aus Mini-Schwierigkeiten im Haushalt keine Riesen-
dramen werden, hilft es manchmal schon zu wissen, wie man
die Frühstücksbutter wieder weich bekommt.

BUTTER HART

Entweder Margarine nehmen oder eine heiße Schale oder
Pfanne kurz über die Butter stülpen. Muss die harte Butter
in den Kuchenteig, dann am besten raspeln, so lässt sie sich
problemlos verrühren.

EI GEHT NICHT AUS DER PACKUNG

Ja gut, mit Gewalt geht's auch, besser: einfach die Packung
nass machen, dann lösen sich die Eier, ohne kaputtzugehen.

EI HAT EINEN SPRUNG

Selbst das kann man noch kochen, ohne dass der gesamte
Inhalt im Wasser herumwabert. Das Ei mit Alufolie umwickeln
und ins Wasser geben. Etwas länger als üblich kochen lassen,
wegen der isolierenden Folie.

FETT SPRITZT

Ausweichen zwecklos, die Pfanne gewinnt sowieso, deshalb immer zuerst die Pfanne heiß werden lassen und dann Öl oder Fett rein und nicht die Pfanne gleichzeitig mit Öl oder Fett erwärmen.

FRISCH GEBACKENES AUFSCHNEIDEN

Torte: Tortenmesser vor jedem Schnitt in kaltes Wasser tauchen, dann bleibt nichts kleben.
Brot und Kuchen aufschneiden: Diesmal das Messer in heißes Wasser tauchen.

GEMÜSE WELK

Entweder neues kaufen oder, bei leichteren Fällen, die braunen Blätter abzupfen, kurz waschen, in ein feuchtes Tuch damit und ab in den Kühlschrank, ungefähr eine Stunde liegen lassen. **Kopfsalat** kriegt man fast wie neu, indem man die Blätter gemeinsam mit kaltem Wasser, darin etwas Zitronensaft, etwa dreißig Minuten in einer Schüssel im Kühlschrank lagert. **Feldsalat** wird in lauwarmem Wasser wieder frisch, **Sellerie** dagegen in kaltem, ein paar rohe Kartoffelstücke dazugeben. **Radieschen** erholen sich, wenn sie in kaltes Wasser gelegt werden. Achtung: Nur die Blätter ins Wasser tun. Sind die schon abgerupft, dann die Knollen hinein. Aufpassen: Wenn sie da zu lange liegen, platzen sie auf.

HONIG HART

Der Feind heißt Kristallisierung. Davon befallene Gläser in einem Wasserbad mit Badetemperatur erwärmen.
Achtung! Nimmt man kochendes Wasser, flüchten so ziemlich alle wertvollen Bestandteile des Honigs.

HAUT AUF SOSSEN ODER PUDDING?

Dann gleich nach dem Kochen geschmolzene Butter (wenig) oder Sahne auf den Pudding gießen. Mit Zucker bestreuen geht auch. Ergebnis: keine Haut.

HAUT AUF SOSSEN ODER PUDDING!

Ganz normal kochen und fix an einen kalten Ort stellen (nicht in den Kühlschrank!). Ergebnis: viel Haut.

KÄSE SCHNEIDEN UND REIBEN

Eine halbe Stunde vor dem Bearbeiten ins Tiefkühlfach damit, dann lässt er sich leichter reiben. Hält man das Messer unter kaltes Wasser, lässt er sich anschließend leichter schneiden.

KETCHUP KOMMT NICHT RAUS

Mit Behörden drohen hilft nix, deshalb einen Strohhalm bis zum Flaschenboden hineinstecken. So kommt ganz unten Luft hin, und das Ketchup fließt.

KUCHENTEIG KLETTERT AM KNETHAKEN HOCH
Etwas Speiseöl auf die Knethaken des Rührgeräts, und schon bleibt der Teig brav da, wo er hingehört.

SCHLAGSAHNE WIRD NICHT STEIF
Ein Eiweiß dazu, kurz kalt stellen und dann noch mal probieren. Sollte die Sahne immer noch nicht mitmachen wollen, ein paar Tropfen Zitronensaft dazugeben, drei bis vier sollten reichen. Generell gilt: Vor dem Schlagen alles kalt stellen oder machen. Also Sahne in den Kühlschrank, Schneebesen oder Mixstäbe (nicht das gesamte Gerät) unter kaltes Wasser halten.

TEIG KLEBT AM NUDELHOLZ
Nervt ja besonders beim Plätzchenteig-Ausrollen, deshalb eine Plastiktüte oder Folie auf den Teig legen und dann losrollern. Die lässt sich anschließend ohne Schwierigkeiten entfernen.

TOMATEN WEICH
Etwa eine Stunde in kaltes Wasser legen, dann werden sie wieder fest. Zum besseren Auseinanderschnippeln das Messer vor jedem Schnitt in kaltes Wasser tauchen.

ZUCKER UND SALZ KLUMPEN
Die Dosierung mit harten Klumpen geht in der Regel schief, deshalb durch die Reibe mit den Brocken, wenn's schnell gehen muss. Bei mehr Zeit ein Stück frisches Brot zum Zucker geben, dauert aber auch nur ein paar Minuten. Salz klumpt übrigens nicht, wenn man einige Reiskörner in den Streuer gibt, sie saugen die Feuchtigkeit weg. Wer will, kann das Salz auch gleich mit Pfeffer mischen, Verhältnis drei zu eins, dann klumpt's auch nicht.

WIE RETTE ICH WAS?

Gut, das Kind ist in den Brunnen gefallen, aber Hände über dem Kopf zusammenschlagen und jammern nützt auch nichts. Besser in die Hände spucken und retten, was noch geht ...

BRATEN OHNE VERNEBELTE KÜCHE

Im Ofen eine feuerfeste (!) Schüssel mit Wasser unter den Braten stellen, der Wasserdampf absorbiert Rauch und Dämpfe. Beim Braten in der Pfanne ein Stück Brot dazutun, das saugt das überschüssige Fett, und das qualmt ja schließlich.

BRÖTCHEN KLEBEN NACH DEM AUFBACKEN FEST

Das Blech auf ein feuchtes Tuch stellen, und sie lassen sich leicht lösen.

FLEISCH ANGEBRANNT

Da hilft nur abschneiden oder wegschmeißen.

MILCH ANGEBRANNT

Brennt bei manchen immer an, weil natürlich das Telefon bimmelt und einen erst dieser penetrante Geruch an den Herd, den Topf und die Milch erinnert. Deshalb den Topf mit kaltem Wasser ausspülen (vor dem Kochen), ganz wenig Wasser drin lassen und dann Milch kochen. So gibt's den hellen Bodensatz nicht mehr. Gut, man kann natürlich auch aufs Telefonieren beim Milchkochen verzichten. Bei zu viel Zeit und zu vielen Töpfen: Topf mit Wasser heiß machen, Topf oder Schale mit Milch reinstellen, erwärmen. So was nennt man Wasserbad, und darin brennt auch nichts mehr an.

ÜBRIGENS:

Es gibt in jedem anständigen Küchenladen spezielle Milchtöpfe mit Hohlraum im Boden zu kaufen.

SOSSE VERSALZEN

Auch hier sollten Kartoffeln helfen. Verweigern die den Dienst, einen Schuss Orangensaft oder einen Teelöffel Honig hinein- geben.

SUPPE VERSALZEN

Ein Ei trennen und das Eiweiß in die Suppe einrühren. Ist es geronnen (was ziemlich schnell gehen sollte) sofort wieder rausnehmen. Das Eiweiß bindet Salz und dürfte das Ganze wie- der etwas neutralisieren. Retten kann man versalzene Suppen auch, wenn ein bis zwei rohe Kartoffeln oder geröstetes Brot mitgekocht werden.

SUPPE UND SOSSE ANGEBRANNT

Zuerst in einen anderen Topf umfüllen, dabei aufpassen und den angebrannten Schmodder nicht mitnehmen. Wenn's nicht reicht, Weißbrot oder rohe Kartoffelscheiben mit durchziehen lassen (ca. 10 Minuten). Anschließend wieder rausnehmen.

ZU SCHARF

Ins Gekochte Milch, Quark, Crème fraîche, saure Sahne oder Sahne geben, nimmt viel Schärfe raus. Schon zu scharf gege- sen? Nicht trinken, sondern Brot oder Banane hinterher oder Salz auf die Handfläche geben und ablecken.

ZU SÜSS

Einen Esslöffel Zitronensaft oder Apfelessig rein, rundet außerdem den Geschmack ab.

ZUSAMMENGEKLEBT

Überraschenderweise müssen Nudeln oder Reis nicht klumpen und aneinanderkleben, etwas Öl oder Butter ins Wasser geben, und schon war's das; übrigens kocht's dann auch seltener über.

Was mache ich jetzt?

So blöd, wie man es braucht, kann es gar nicht kommen. Dies gilt natürlich immer, man kann einfach nicht alle Katastrophen und solche, die es werden wollen, vermeiden. Allerdings sollte es jetzt bedeutend weniger Schwierigkeiten mit der Vorratshaltung, dem Kochen und Backen geben. Wie wäre es zur Belohnung mit dem besten Käsekuchen der Welt? Der Autor enthüllt schweren Herzens sein etwa 700 Jahre altes Familienrezept:

6 Eier trennen. Eiweiß in die eine, Eigelb in die andere Schüssel. Eiweiß steif schlagen mit dem Mixer. Zum Eigelb 250 Gramm Butter geben, wieder mixen. Dann 1 Päckchen Backpulver, 1 Päckchen Vanillezucker, den Saft von zwei Zitronen, 100 Gramm Grieß, 200 Gramm Zucker und einen gehäuften Esslöffel Mehl dazu. Noch mal mixen. 1 Kilo Magerquark rein, noch mal mixen und zum Schluss den Eischnee unterheben. Das heißt, Gabel nehmen und vorsichtig unterrühren. In eine Springform damit (ausfetten mit Butter und Margarine nicht vergessen) und etwa eine Stunde bei 180 °C backen. Bei Umluft 150 °C. Guten Appetit!

Was brauche ich?

JE EINEN SATZ
- FEILEN UND RASPELN
- INBUSSCHLÜSSEL
- KREUZSCHRAUBENZIEHER
- MAUL-RINGSCHLÜSSEL
- SCHLITZSCHRAUBENZIEHER
CUTTERMESSER
DÜNNEN DRAHT (ROLLE)
FUCHSSCHWANZ
HAMMER
KNEIFZANGE
KLEBEBAND (ISOLIERBAND, KREPPBAND,
DOPPELSEITIGES KLEBEBAND)
KLEBER (SEKUNDENKLEBER, PATTEX,
ZWEIKOMPONENTENKLEBER, HOLZLEIM)
KOMBIZANGE
MASSBAND UND/ODER ZOLLSTOCK
METALLSÄGE
NAGELSORTIMENT
ROHRZANGE
SCHLEIFPAPIERSORTIMENT
SCHMIERÖL
SCHRAUBEN- UND DÜBELSORTIMENT
SPACHTEL
TERPENTINERSATZ
WASCHBENZIN
WASSERWAAGE

> All die Sachen gibt's im Baumarkt.
Merke: Niemals das billigste Werkzeug kaufen, siehe Kapitel 05.

03 VOM BAUEN & REPARIEREN

Vom Handwerk kann man sich zur Kunst erheben. Vom Pfuschen nie. Das hat Goethe mal gesagt, aber der musste sein Lebtag vermutlich auch keinen Nagel in die Wand kloppen. Um Kunst soll's im folgenden Kapitel aber gar nicht gehen, eher um Grundlagen und um Probleme, die im Haushaltsalltag anfallen können. Was das Pfuschen angeht, das ist eigentlich okay; solange es keiner sieht, es hält oder funktioniert und nicht gleichzeitig lebensgefährlich ist, weil man zum Beispiel an Gasleitungen oder Stromkabeln rummacht.

WANN BAUE UND REPARIERE ICH?

Grundsätzlich natürlich immer bei Zeit und Lust. Problem beim Bauen und Reparieren ist natürlich der Krawall. Wenn der Nachbar *Mittagsruhe!* brüllt, ist es zu spät, besser über die erlaubten Krachmachzeiten informieren. Wer keine Nachbarn hat, der darf gern morgens um 3 Uhr 30 den Presslufthammer anschmeißen. Für alle anderen gilt anonsten wie so oft im Leben Kant. Nicht der Erfinder des Holzes, von dem so oft in Warnmeldungen des Verkehrsfunks zu hören ist, sondern der, mit dem kategorischen Imperativ. *Handle nur nach derjenigen Maxime, von der du sogleich wollen kannst, dass sie ein allgemeines Gesetz werde.* Was so viel heißt wie: Was du nicht willst, das man dir tu, das füg auch keinem anderen zu.

WIE BAUE UND REPARIERE ICH?

Bücher, die Heimwerkern erklären, wann die Dachrinne geputzt werden muss, gibt es in jedem Buchladen regalweise. Hier geht es vielmehr um die alltäglichen Reparaturen im Haushalt und wie man damit fertig wird. Selbst ist also der Haushaltsmensch! Und merke: Erstens geht es leichter als man denkt, und zweitens spart Selbermachen viel Geld!

WIE MACHE ICH WAS FREI?

Hier geht's nicht darum, den anderen ohne größere Kollateralschäden möglichst fix zu entblättern, hier geht's um Rohrleitungen und große und kleine Abflüsse.

ABFLUSS DICHT

Bei Waschbecken, Dusche und Badewanne braucht's ein Päckchen Backpulver, eine halbe Tasse Essig (nicht sparen, ruhig unverdünnte Essigessenz nehmen) und ein bisschen Spülmittel. Wenn das Klo verstopft ist, oder bei anderen großen Abflüssen, die doppelte Menge. Zuerst das Backpulver in den Abfluss, den Essig hinterher. Es dürfte dann ziemlich blubbern, weil im Rohr Kohlendioxid entsteht. Wenn es aufgehört hat zu sprudeln, einen Fettlöser ins Rohr gießen (Spülmittel sollte reichen) und dann sehr heißes Wasser, am besten kochend, nachkippen. Wer will, kann mit einer Saugglocke, auch Gummistampfer genannt, die Mischungen im Abfluss schön verteilen; muss nicht sein, geht aber schneller. Sollte der Abfluss noch immer verstopft sein, das Ganze wiederholen oder umziehen.

WIE MACHE ICH WAS DICHT?

Ein tropfender Wasserhahn kann einen in den Wahnsinn treiben. Entweder man gibt sich dem hin oder nutzt die letzte noch verbleibende Kraft, um Hand anzulegen und dem Terror ein Ende zu bereiten. Hier gibt's Hilfe bei tropfenden Dingen oder Löchern, die man nicht da haben will, wo sie jetzt sind.

GIPSEN

Generell gilt: Gips immer ins Wasser rühren und nicht Wasser in den Gips, sonst gibt's Klumpen. Außerdem hält es nicht gut und sieht nicht aus beim Stopfen von Löchern oder was immer man gipsen will. Soll der Gips schnell trocknen, dann eine reichliche Prise Salz in die Pampe geben. Soll der Gips langsam trocknen, dann Geschirrspülmittel oder aber Weinessig dazugeben, das macht ihn außerdem sehr geschmeidig.

TROPFENDE WASSERHÄHNE

1. Schwamm oder Ähnliches drunterlegen, damit einen das Tropfgeräusch nicht mehr nervt; ein Band um den Hahn wickeln, an dem sich die Tropfen abseilen können, geht auch.
2. Sich daran erinnern, dass der Wasserhahn tropft.
3. Wasser abstellen.

ÜBRIGENS:
Immer mal Kaffeesatz in den Abfluss geben und ordentlich durchspülen. Befreit die Rohre von schleimigen Dingen, die hier nicht näher erläutert werden sollen.

4. Wasserhahn abbauen bzw. die Spindel, die zu sehen ist, wenn man den Drehknopf abzieht (kann man nämlich).
5. Dichtung ausbauen (ist in der Regel das schwarze runde Gummiding).
6. Neue Dichtung kaufen und einbauen, Wasser wieder anstellen, gegebenenfalls Handwerker anrufen.
7. Schwamm wieder aus der Spüle nehmen oder Tropfen-Abseile aufknoten.

KERAMIKGEFÄSSE UNDICHT

Keramikvasen oder andere Keramikgefäße, die undicht geworden sind, innen dick mit Bohnerwachs einreiben. Irgendwann verdunstet das darin enthaltene Terpentin, und durch das Wachs werden alle Risse und Poren verschlossen. Kaffeetassen kriegt man damit übrigens auch wieder hin, sollte aber vielleicht nicht mehr daraus trinken.

WIE MACHE ICH WAS FEST?

Alte Sagen künden ja immer wieder von Leuten, die einen Steinway mit zwei Nägeln an der Wohnzimmerwand befestigt haben, so weit soll das hier nicht gehen. Aber merke: Man kriegt alles fest, irgendwie.

> Bohren mal ganz grundsätzlich

Erst mit dem Nagel ein kleines Loch schlagen. Dann dünn vorbohren und erst danach mit der benötigten Größe bohren. Zutief-Bohren lässt sich übrigens mit farbigem Klebeband vermeiden. Einfach an der Stelle an den Bohrer wickeln, bis zu der er eindringen soll. Funktioniert auch beim Popeln!

SENKRECHT BOHREN OHNE STAUB

Da sind Joghurtesser und Tennisspieler ganz klar im Vorteil. Entweder einen Tennisball aufschneiden oder einen Becher (leer) nehmen und über den Bohrer stülpen, schon rieselt es einem weniger ins Gesicht. Was die Größe des Balls angeht, so gibt's nach oben eigentlich keine Grenzen, Fußball oder Hüpfball, vieles ist möglich. Das Anvisieren der richtigen Stelle wird allerdings je größer der Ball umso schwieriger.

BOHREN IN STAHL ODER ÄHNLICH HARTEM METALL
Wer gut schmiert, der gut bohrt. Allerdings kein Öl, sondern besser Terpentin draufträufeln.

BOHREN DURCH FLIESEN
Kreppband über die Bohrstelle kleben, dann rutscht der Bohrer nicht ab.

LUSTIGE MUSTER AUF DEN FLIESEN
Siehe »Bohren durch Fliesen«, nur ohne Kreppband.

> Nageln mal ganz grundsätzlich
Nägel nie gerade, sondern immer leicht schräg einschlagen. Große Nägel schlagen sich leichter ein, wenn sie zuvor eingeseift oder eingeölt werden. Ist die Holzsorte berüchtigt dafür, dass sie sich schnell spaltet, dann den Nägeln die Spitze abkneifen; oder noch besser: vorbohren.

ÜBRIGENS:

Hängt das Bild schief, hilft Klebeband, diesmal aber doppelseitiges. Auf die Rückseite des Bildes in jede Ecke etwas davon kleben. Dann Bild an den Nagel hängen, justieren und an die Wand drücken. Wenn Tapete an der Wand klebt, könnte das Abnehmen allerdings schwierig werden.

BILD AUFHÄNGEN
Klebeband über die Stelle kleben, in die der Nagel soll. Das verhindert, dass Putz beim Einschlagen ausbricht.

NÄGEL IN HOLZ UNSICHTBAR MACHEN
Normal nageln, dann mit einem sogenannten Versenker die Nägel tiefer ins Holz treiben und das so entstandene Löchlein verkitten. Am besten vom Holz etwas abschleifen, den Staub mit Sekundenkleber vermischen und in die Löcher drücken. Ergibt den gleichen Farbton.

SAUGHAKEN SAUGT NICHT
Das Von-der-Wand-Fallen ist ja eine der Lieblingseigenschaften der Saughaken. Gerissene Exemplare rutschen auch gern an Kacheln herunter. Wenn es also die Spucke nicht tut, dann dem

Haken drohen, und wenn das auch nicht hilft, ihn mit etwas Haarspray einzusprühen oder mit Eiweiß einpinseln.

SCHRAUBE LOCKER

Ein Streichholz ins Loch und dann die Schraube festziehen. Möglich auch: Stahlwolle um die Schraube (nicht um den Kopf) wickeln und dann schrauben. Taucht man eine Schraube in Klebstoff oder Kitt, bleibt sie auch fest. Merke bei allen Möglichkeiten: Nach *zu fest* kommt *lose*.

STUHL WACKELT

Siehe »Tisch wackelt«.

STUHLBEIN LOSE

Das entsprechende Bein komplett abbauen. Nein, mit dem Tacker ist da auf Dauer nichts zu machen. Alte Klebereste, Schmutz etc. entfernen (ordentlich!). Dann einen dünnen Zwirn um den Zapfen wickeln, ein schmaler Streifen aus einer Nylonstrumpfhose tut's auch, und erst dann Holzleim drauf und einfügen. Gut fixieren z. B. mit einer Schraubzwinge, und Finger weg über Nacht.

TISCH WACKELT

Flüssiges Holz (gibt's immer noch im Baumarkt) auf etwas Pergamentpapier geben und das zu kurz geratene Tischbein reinstellen. Das Ganze gut trocknen lassen und dann mit einer scharfen Klinge die überstehenden Ränder abschneiden und sauberschleifen.

ZIMMERTÜR FÄLLT IMMER VON ALLEIN ZU

Bewohner hübscher Eigenheime in den Karpaten, die auf Namen wie Dracul hören, können getrost zum nächsten Punkt wechseln. Alle anderen, die keinen Wert auf Türen legen, die von allein zu-

ÜBRIGENS:
Nägel wiederfinden:
Mit einem Magneten lassen sie sich am besten orten. Funktioniert auch mit Schrauben, Bolzen oder Ähnlichem, das sich unter Farbe oder Tapete versteckt hält.

fallen, kann folgendermaßen geholfen werden: Tür aushängen. Durchmesser des Zapfens ausmessen (ist das Metalldingens im Scharnier), dann in den Baumarkt gehen, passenden Gummiring kaufen, auf den Zapfen fädeln, fertig. Der Gummiring bremst die Tür, und die sollte nicht mehr zufallen.

WIE MACHE ICH WAS LOS?

Klar kriegt man mit einer Spitzhacke die meisten Wände eingerissen, aber nur weil irgendwas in der Wand feststeckt, was da nicht mehr sein soll?

ALLESKLEBER LÖSEN

Keine bis null Chancen. Aber gegen Flecken von Alleskleber hilft Nagellackentferner. Reichlich auftragen und abreiben.

ALTEN LEIM LÖSEN

Essig draufträufeln, und zwar reichlich. Einen Moment einziehen lassen und dann Leim rauskratzen.

DÜBEL FEST

Den bekommt man relativ leicht mit einem Korkenzieher aus dem Loch gezogen. Wichtig: nicht zu tief reindrehen, sonst spreizen sich die Anker im Dübel, und nichts wird sich rühren.

KLEBESTREIFEN ENTFERNEN

Erhitzen oder kalt machen bringt meistens gar nichts. Mit Nylonfäden oder Zahnseide wurden dagegen schon beeindruckende Erfolge erzielt. Den Faden oder die Seide um die beiden Zeigefinger wickeln, straff ziehen und dann hinter dem Klebestrip durchziehen. Meistens ist da ja ein Zehntelmillimeter Platz. Die Gummireste, die höchstwahrscheinlich zu sehen sind, nach dem Lösen mit einem Radiergummi wegrubbeln.

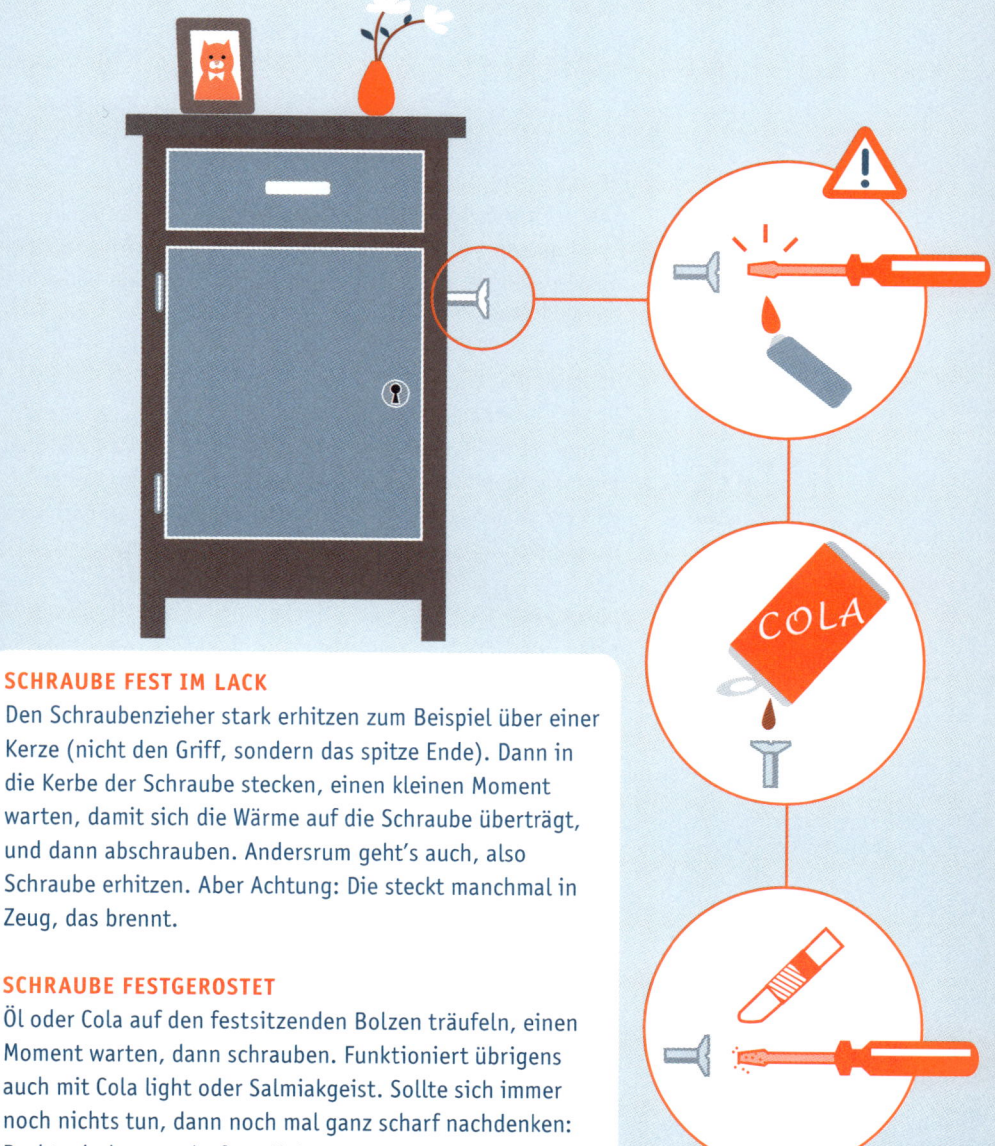

SCHRAUBE FEST IM LACK

Den Schraubenzieher stark erhitzen zum Beispiel über einer Kerze (nicht den Griff, sondern das spitze Ende). Dann in die Kerbe der Schraube stecken, einen kleinen Moment warten, damit sich die Wärme auf die Schraube überträgt, und dann abschrauben. Andersrum geht's auch, also Schraube erhitzen. Aber Achtung: Die steckt manchmal in Zeug, das brennt.

SCHRAUBE FESTGEROSTET

Öl oder Cola auf den festsitzenden Bolzen träufeln, einen Moment warten, dann schrauben. Funktioniert übrigens auch mit Cola light oder Salmiakgeist. Sollte sich immer noch nichts tun, dann noch mal ganz scharf nachdenken: Rechts drehen macht fest, linksrum lose.

SCHRAUBENZIEHER RUTSCHT AB

Dann die Spitze mit Kreide einreiben.

SCHARNIERE QUIETSCHEN

Egal ob Tür, Rollläden, klemmende Riegel etc.: Pflanzenöl drauf, fertig. In der Not tut's auch Pflanzenmargarine. Allerdings ziehen die den Dreck an wie nichts Gutes, auf Dauer hilft nur Schmieröl.

SCHUBLADE KLEMMT

Da hilft eine Kerze. Die Gleitflächen der Schublade damit einreiben, fertig. Die Kerze muss übrigens nicht brennen und sollte farblos sein. Manche empfehlen auch Seife, um Schubladen leichter gleiten zu lassen: bloß nicht! Die Seife zieht nach einer Weile Feuchtigkeit an, und alles wird noch schlimmer.

TÜR KLEMMT

Bevor man mit dem Hobel anrückt, erst mal versuchen, die Reibeflächen mit Bohnerwachs oder Parafinöl einzustreichen.

SCHLÜSSEL VERROSTET

Entweder diesen mit Terpentin oder Parafinöl putzen oder öfter mal nach Hause kommen.

ÜBRIGENS:

Ist Tinte dickflüssig oder fest, kein Wasser dazufüllen, sondern Essig. Keine Angst, der Geruch verfliegt ganz schnell.

WIE MACHE ICH WAS WIEDER SCHÖN?

Es ist ja immer schön, wenn's schön ist, und mit einfachen Tricks wird's manchmal noch schöner. Schön, oder?

BOHR- ODER NAGELLÖCHER VERSCHWINDEN LASSEN

Mit Spachtelmasse kann ja jeder, jetzt wird gepfuscht. Der älteste Trick ist, einfach Zahnpasta in das Bohrloch drücken, trocknen lassen, fertig. Man sieht nichts mehr, es sei denn, man hat farbige Zahnpasta oder eine mit Streifen erwischt. Origineller als die Zahnpasta sind Papiertaschentücher. Einfach ein kleines Stück Papiertaschentuch zu einer kegelförmigen

Spitze zusammenzwirbeln und ins Loch damit. Dann abreißen und nur etwa zwei bis vier Millimeter rausgucken lassen. Anschließend mit einem Hammer festklopfen. Übrigens, Profi-pfuscher feuchten ihr Taschentuch vor dem Reinschlagen leicht an. Nach dem Trocknen dehnt sich nämlich das Papier aus, und es ist noch weniger zu sehen.

BRANDFLECKEN IM TEPPICH
Wir operieren am offenen Teppich. Die Ränder des Brandflecks mit etwas Scharfem säubern und alles Schwarze wegkratzen. Dann, wie die Jungs, die ihre verbliebenen zwei Haare über die ganze Glatze legen, mit einer Pinzette oder Ähnlichem ein paar Fäden vom Brandloch aus rausziehen, Alleskleber ins Loch, Fäden drüberziehen, festdrücken, fertig.

DRUCKSTELLEN AUF DEM TEPPICH
Gehen am schnellsten mit einem Bügeleisen weg. Nicht drunter verstecken, sondern das Bügeleisen ordentlich heiß machen, feuchten Lappen oder Tuch auf die Stelle legen, überbügeln und anschließend leicht bürsten, damit sich die Teppichfasern wieder aufrichten.

DURCHGESESSENE STUHLSITZE
Bei Rohrstühlen hilft schon heißes Wasser. Das Geflecht damit übergießen und in der Sonne trocknen lassen. Wenn es dann getrocknet ist, mit Zitronenöl einstreichen, sonst reißt und splittert es.

ÜBRIGENS:

Unschöne kleine Kratzer in Holzschüsseln verschwinden wieder komplett, wenn man die Schüsseln gründlich mit einem Walnusskern oder Öl ausreibt.

ÜBRIGENS:

Bei lärmenden Dielen auf Sperrstunde hinweisen und Polizei rufen hilft gar nichts. Besser in die Ritzen zwischen den Dielen Talkumpuder streuen, dann knarren sie nicht mehr.

KERBEN IM HOLZ

Die kleineren Ausgaben bekommt man in der Regel mit einem Löschpapier wieder hin. Das Papier anfeuchten, über die Kerbe legen und dann bei mittlerer Hitze drüberbügeln. Die größeren Kerben mit heißem Wasser füllen, damit das Holz aufquillt.

KRATZER AUF FUSSBÖDEN

Kratzer lassen sich vermeiden, indem man unter Stühle und Kleinmöbel Filzflecken klebt. Gibt's in jedem Bastelgeschäft oder Baumarkt.

KRATZER IM HOLZ

Diese komischen Muster im Holz heißen Maserung. Wichtig ist es immer, in Richtung Maserung zu arbeiten, niemals quer dazu. Große Kratzer in lackiertem Holz mit passender Wachsmalkreide auffüllen und dann mit Nagellack (farblos!) überstreichen. Kleine Kratzer kriegt man oft schon mit viel weißer Vaseline wieder weg. Einstreichen, einen Tag einwirken lassen, dann Rückstände entfernen und polieren. Bei hellem, glänzendem Holz hilft auch farblose Schuhcreme, bei dunklem Holz tut's ebenfalls oft schon Schuhcreme, hier allerdings die schwarze oder braune. Wenn keine Schuhcreme da (tss, tss), geht auch Kajalstift oder passender Filzstift.

KUNSTSTOFFFLIESEN

Der Erfinder dieser Teile gehört heute noch bestraft, aber der UN-Sicherheitsrat hat ja anderes zu tun. Das Fiese an diesen Dingern ist nämlich, dass sie sich wellen und Boden und Wand wie Ausläufer der Voralpen aussehen. Ist das der Fall, dann die betreffenden Fliesen mit Alufolie bedecken und heiß drüberbügeln. Dadurch wird der Kleber weich und sollte wieder haften. Am besten die gebügelte Fläche einen Tag lang mit etwas beschweren.

Kunststofffliesen kann man auch stopfen, allerdings nur kleine Löcher. Tut das not, dann von einer Fliese, die man nicht sieht (Ecke oder so), mit Schleifpapier (grob oder fein ist wurscht, soll ja von einer Stelle kommen, die nicht zu sehen ist) etwas abreiben. Anschließend die Brösel mit Kleber vermischen und in das Loch füllen. Ist das Ganze dann getrocknet, mit ganz feinem Schleifpapier noch mal drübergehen.

ÖLGEMÄLDE

Den frisch geerbten Rubens entweder zum Restaurator bringen oder aber mit viel Wagemut mal so versuchen: Eine Kartoffel (ungekocht) halbieren und mit der Schnittfläche vorsichtig über das Bild reiben. Die dreckig gewordene Fläche der Kartoffel immer wieder abschneiden und so lange weiterreiben (noch vorsichtiger), bis sie sauber bleibt. Anschließend mit einem leicht feuchten Tuch nachwischen (immer noch vorsichtig) und trocknen lassen.

PAPIER VON HOLZ ENTFERNEN

Niemals mit Messer, Schraubenzieher oder Ähnlichem daran rumkratzen, sonst siehe »Kratzer im Holz«. Besser ist, einfaches Speiseöl drauf, kurz einwirken lassen und dann mit einem trockenen Tuch das Papier abreiben. Notfalls das Ganze mehrfach wiederholen.

POLITURPFÜTZEN

Entweder die ein oder andere Woche warten, irgendwann verdunsten die kleinen Seen schon, oder aber Essig und Wasser 1:1 mischen. Einen Lappen damit feucht machen und drüberwischen. Anschließend mit einem trockenen Tuch noch einmal abreiben.

RENITENTE TEPPICHKANTEN

Wenn sich die Teppichkanten immer nach oben biegen, reicht es aus, die Unterseite der entsprechenden Stelle mit stinknormalem Leim einzustreichen und trocknen zu lassen. Durch das Gewicht des Leims und das Verhärten wellt sich nichts mehr.

WASSERRÄNDER AUF HOLZMÖBELN

Meistens reicht es, Zigarrenasche (Zigarettenasche bringt gar nichts!) mit etwas Speiseöl zu vermischen. Den Brei dann auf die Flecken geben und polieren. Ganz hartnäckige Flecken geben in der Regel bei Zahnpasta auf. Die muss mit einem feuchten Tuch einpoliert werden. Sollte das immer noch nicht reichen, dann Natron nehmen. Das sollte alle Flecken kleinkriegen. Achtung: Zahnpasta und Natron bleichen, entweder nur kurz einwirken lassen oder die ganze Fläche bearbeiten.

ZIGARETTENBRANDLÖCHER IN HOLZ

Da kommt es immer darauf an, wie lange die Kippe auf dem Holz gekokelt hat.

Variante eins: In ganz, ganz leichten Fällen (keine Krater) mit Mayonnaise probieren. Die reinschmieren, dann einwirken lassen und mit einem weichen Tuch überwischen.

Variante zwei: Härtere Fälle mit Siegellack in der entsprechenden Holzfarbe angehen, den gibt's als Stift in guten Schreibwarenläden. Das Verkohlte zuerst gründlich rauskratzen, den Lack erhitzen, ins Loch spachteln und hinterher ordentlich glatt streichen. Überstehendes mit dem feinsten Schleifpaper abschleifen, das zu kriegen ist.

Variante drei: Von der Unterseite des Möbels mit feinem Schleifpapier etwas abschmirgeln und die feinen Brösel mit farblosem Lack (Nagellack oder Sekundenkleber gehen auch) in das Brandloch streichen. Auch hier gilt: Vorher alles Verkohlte rauspulen.

Variante vier: Langweiliger, aber ebenso funktionabel: Holz-paste oder »flüssiges Holz« (gibt's im Baumarkt) ins Brandloch.
Variante fünf: Neue Möbel kaufen, Rauchen aufgeben.

> Schöner malern

Haben Picasso, Renoir, Turner oder Rembrandt ihre Wände eigentlich selber gestrichen oder einen Maler kommen lassen? Wie auch immer, die hatten alle ein Atelier und konnten entsprechend rumsauen. Hier geht's ums Malern zu Haus, nicht ums Malen zu Haus.

FARBSPRITZER AUF GLAS

Zuerst mit Messer oder Rasierklinge probieren. Sind immer noch hartnäckige Farbspritzer auf der Scheibe, dann wahlweise Nagellackentferner oder aber reinen Alkohol mit mindestens 96 Umdrehungen drauf. Etwas einziehen lassen und dann mit Tuch und warmer Seifenlauge abwischen. So verschwinden sogar historische Farbflecken von der Scheibe.

FARBSPRITZER AUF HOLZ

Mit Terpentin einstreichen, einwirken lassen und dann mit einem Spachtel oder Ähnlichem abkratzen. Frische Farbflecke gleich mit einem in Terpentin bzw. Wasser getränkten Lappen abwischen. Besser ist aber, vor dem ganzen Gewische das Holz abzukleben oder aber mit Zitronenöl anzustreichen, dann lassen sich alle Spritzer einfacher lösen.

GLASFLÄCHEN ODER FENSTER ABKLEBEN

Entweder Kreppklebeband und mühselig die Ecken abkleben (meistens malt man doch an mindestens einer Stelle über den schmalen Streifen) oder aber Tageszeitungen auf die komplette Fläche drücken und mit warmem Wasser gut anfeuchten. Die kleben dann und halten mindestens, bis man mit dem Malern

ÜBRIGENS:
Will man Farbreste auf-heben, einen Farbtupfer außen auf den Behälter geben, dann findet man später leichter die richtige Farbe. Große Farbpötte: große Alufolie direkt auf die Farbe, dann Deckel drauf. Kleine Farbpötte: kleine Alufolie direkt auf die Farbe, dann Deckel drauf. Ölfarbe: Etwas Waschbenzin auf die Farbe kippen. Beim nächsten Benutzen anständig um-rühren. Wenn grade kein Benzin da ist, tut's in der Not auch Wasser.

fertig ist. Allerdings ist es dann auch dunkel. Fehlt die Zeitung, dann die Glasfläche ebenfalls anfeuchten und mit einer weichen Seife einreiben, so bleibt die Farbe auch nicht kleben.

PINSEL

Nur ein alter Pinsel da, und der ist auch noch hart? Dann diesen in heißen, fast kochenden Essig legen, anschließend mit warmem Seifenwasser auswaschen. Nach Malerarbeiten mit wasserlöslichen Farben, Rollen und Pinsel mit Wasser (deshalb heißen die auch wasserlöslich) normal auswaschen und anschließend in Weichspüler legen, so bleiben sie schön weich. Hat man mit Lackfarben gepinselt, braucht man Verdünnung (=Terpentinersatz). Die Verdünnung kann man mehrfach benutzen, wenn man den Pinsel in einem verschließbaren Gefäß (z. B. Schraubglas) putzt. Ist der Pinsel sauber, dann rausnehmen, Glas zumachen und ein paar Tage stehen lassen. Die Farbe vom Pinselputzen sinkt dann auf den Grund, die Verdünnung ist wieder sauber und kann noch mal verwendet werden.

ÜBRIGENS:

Die Farben gekauft und sich vorgenommen, morgen streiche ich, und dann doch für die nächsten zweieinhalb Jahre eine Ausrede gefunden, es nicht zu tun? Zumindest die Farbe wartet und vergilbt nicht, wenn man einen Tropfen schwarze Farbe in die weiße gerührt hat.

PAUSEN BEIM PINSELN

Lackpinsel nicht groß auswaschen, sondern in Folie einwickeln und einfrieren. Die halten sich lange im Gefrierfach. Vor dem

nächsten Gebrauch etwa eine Stunde auftauen lassen. Oder: Pinsel mit wasserlöslichem Lack oder Dispersionsfarben dran in ein Glas mit kaltem Wasser stellen.
Wichtig: Die Pinselborsten dürfen nicht den Boden des Glases berühren. Stiel mit Klebeband am Glasrand befestigen, hält.

TOTAL EINGESAUT BEIM MALERN

Da hilft Babyöl. Und wenn gerade kein Kind mit Zubehör vorhanden ist, dann Speiseöl. Es gibt keinen besseren Farbentferner, der die Haut nicht angreift. Wem zarte Patschehändchen egal sind: immer drauf mit Nitroverdünner oder Terpentin.

TROPFEN FANGEN

Einen Bierdeckel nehmen, kleines Loch reinschneiden, Pinselstiel durchstecken, losmalern. Bei einer Deckenrolle ein Stück Karton nehmen und dann wie oben. Stuhl-, Tisch- oder andere Beine: Auf einen Büchsendeckel oder Ähnliches stellen und streichen. Kabel, Fassungen etc.: Einfach eine Plastiktüte drüberstülpen, so muss man sie hinterher auch nicht putzen.

TÜRKLINKEN UND SCHARNIERE

Die wieder sauber zu kriegen dauert ja meistens länger als das gesamte Streichen. Deshalb Scharniere und Klinken entweder abkleben (ist viel Gefummel) oder aber vor dem Streichen mit Vaseline einschmieren (ist wenig Gefummel, aber viel Sauerei). Bei Variante zwei lassen sich Farbspritzer nämlich hinterher einfach abwischen.

CHAOS MIT KLEINTEILEN

Wecker oder Fön auseinandergebaut, und jetzt ist nichts mehr da, wo es eben gerade noch war? Klebebandstreifen mit der Klebefläche nach oben auf dem Tisch fixieren, darauf die Einzelteile haften lassen, und es fehlt beim Zusammenbauen nichts mehr. Wenn Teile übrig sind, noch mal auseinanderbauen. Die Hoffnung trügt: Es bleiben nie genug Teile übrig, um daraus ein zweites Gerät zusammenzuschrauben.

> Und außerdem

FEUCHTE WANDSCHRÄNKE
Da hilft Schulkreide, die zieht die Feuchtigkeit. Kochsalz in einer kleinen offenen Schüssel tut es ebenso, Katzenstreu auch.

MÖBEL ZUSAMMENBAUEN
Haben sie Namen wie Höllegöre, Bolla Balla oder Falla-øm, dann Finger weg, kriegen in der Regel kaum Profis zusammengeschraubt.

SÄGEN
Sperrholz muss überraschenderweise nicht splittern und tut es auch nicht, wenn ein Streifen Klebeband über die Schnittstelle geklebt wurde. Vorm Sägen kleben!

SCHNÜRE FRANSEN IMMER AUS
Dann die Enden mit Alleskleber bepinseln, Schellack tut's auch. Kunststoffstrippen fasern nicht, wenn man die Enden kurz in eine Flamme hält.

WASCHMASCHINE AUF REISEN
Das Herumhoppeln kann den Maschinen mit einer Gummimatte abgewöhnt werden; die aus Gummigranulat gibt's im Baumarkt. Schöner Nebeneffekt: Die Waschmaschine wird so leise, dass man selbst beim Schleudern genauer hinhören muss, ob sie überhaupt an ist. (Na ja, fast.)

WIE HEGE UND PFLEGE ICH WERKZEUGE?

Man vergeudet keine Zeit, wenn man sich Zeit nimmt für sein Werkzeug. Hat man sich aber keine Zeit genommen für sein Werkzeug, vergeudet man Zeit. Wetten?

DEM ANGAMMELN VON WERKZEUGEN VORBEUGEN

Ein Stück normale Schulkreide in den Werkzeugkasten legen, und schon rostet das Werkzeug nicht mehr. Dieselbe Wirkung haben übrigens Mottenkugeln oder Holzkohle. Man kann die Werkzeuge auch dünn mit Autowachs überziehen oder kleine Werkzeuge in Sand stecken (zum Beispiel einen Blumentopf mit Sand füllen und Schraubendreher reinstecken), dann rosten sie auch nicht, sind aber sandig.

ZU SPÄT, WERKZEUGE SIND SCHON ANGEGAMMELT

Dann Paste mixen. Man nehme eine Tasse Kleie, zwei Esslöffel Essig, etwas Wasser und einen Esslöffel Salz, mansche das Ganze durcheinander und reibe die Werkzeuge damit ab. Hinterher mit Wasser abspülen – und ausgiebig trockenreiben, sonst kann man gleich wieder von vorn anfangen.

SCHLEIFPAPIER
Hält länger, schleift leichter und bricht nicht so schnell, wenn man die Rückseite (glatte Seite) des Papiers etwas anfeuchtet und dann um einen Holzklotz wickelt. Generell sollte man die Holzflächen vor dem Schleifen anfeuchten und wieder trocknen lassen, dann geht's wesentlich besser.

Was mache ich jetzt?

Sich erst mal selbst bewundern, doch unbedingt. Die gerade erworbenen Kenntnisse reichen zwar noch nicht ganz zum Bau eines Eigenheimes, aber bestimmt, um anderen zu helfen und damit letztlich sich selber. Wir wäre es also mit der Anmeldung bei einer Tauschbörse für Fähigkeiten? Die gibt's in vielen Städten und Gemeinden und funktionieren nach dem Prinzip *Hilfst du mir, helf ich dir*. Und helfen können Sie jetzt – das ist mal sicher.

Was brauche ich?

BACKPULVER
BÜGELEISEN
ESSIG
NATRON
SALMIAKGEIST
WASCHMASCHINE
ZITRONENSÄURE

04 ÜBER KLAMOTTEN & SCHUHE

Klamotten sind so eine Art bedrohte Spezies. Überall lauern Gefahren. Zum Beispiel in Form von tropfenden Obstkuchen, dem Inhalt von Rotweingläsern, eben Kleckereien aller Art. Gefährlich für Klamotten sind auch Leute, die eine seit fünf Jahren im Kleiderschrank verschollene Jeans wiederentdecken und dann mit angehaltenem Atem rauspressen: *Ich pass da rein!* Letztlich sehen sie aus wie eine aufgeplatzte Presswurst. Tut den Sachen nicht gut und dem eingequetschten Träger auch nicht. Die Alternative, alles im Schrank zu lassen, ist keine, und deshalb gibt's in diesem Kapitel Tipps und Tricks, wie man Klamotten das Überleben sichert.

WANN MACHE ICH WAS?

Logischerweise immer dann waschen, wenn was dreckig ist. Nicht alles einzeln, sondern sammeln und warten, bis eine Maschine voll ist. In der Zwischenzeit ruhig mal das Bad putzen oder den Holzboden polieren. Das Ausmisten bietet sich immer dann an, wenn der Schrank auf Winter- bzw. Sommergarderobe umgestellt wird, also zweimal im Jahr.

WIE WASCHE ICH?

Besonders nach Kollisionen mit Kleckerlichkeiten reicht das Lüften der Klamotten (was es sonst oft tut) nicht mehr aus. Dreckige Sachen einfach wegschmeißen und durch neue ersetzen kommt auch nicht in Frage (Kontostand), deshalb muss gewaschen werden. Wie das geht, steht hier.

> Waschen mal ganz grundsätzlich

1. Weiße Wäsche sollte man nur mit weißer Wäsche waschen. Und das mit Vollwaschmittel. Übrigens, bei den heutigen modernen Maschinen reichen meist 40 °C – 60 °C, 90 °C sind jedenfalls so was von out, weil es die Stoffe doch mächtig angreift und unnütz Energie verbrät.

2. Farbige Kleidung sollte nach Farben gewaschen werden oder wenigstens nach dunkel und hell sortiert. Vorsicht besonders bei neuen Klamotten in knalligen Farben, beim ersten Mal lieber separat waschen.

3. Für die meisten Klamotten reichen 30 °C – 40 °C. 60-°C-Fans sollten besonders bei Pullovern und Hemden aufpassen, die kommen bei solchen Temperaturen gern mal 'ne Nummer kleiner wieder raus.

4. Wollsachen lieber mit der Hand waschen. Zu faul dazu? Dann für die Waschmaschine wenigstens ein Wollwaschmittel nehmen. Niemals mit 60 °C waschen, und auch nicht schleudern.

5. Den Härtegrad des Wassers rausbekommen. Ist dieser sehr hoch, also drei bis vier, dann eine Tasse Essig zur Wäsche geben.

6. Nicht für jede Klamotte jeweils eine Tasse Essig nehmen.

7. Es muss nicht immer alles sofort gewaschen werden, oft reicht es auch, das gute Stück einfach über Nacht auszulüften.

8. Socken weg. Keine Ahnung wieso.

> Die Waschmaschine

Eine Waschmaschine ist auch nur ein Mensch, gehört also gepflegt. Der übelste Feind heißt Kalk, und da der nun mal immer im Leitungswasser ist, heißt die Devise: entkalken. Es sei denn, man legt Wert auf regelmäßige Handwerkerbesuche. Entweder also sauteure Kalkablagerungswegdamitreiniger kaufen oder aber etwas Essig oder Zitronensäure zu jeder Wäsche in die Maschine kippen. Keine Angst, der Essiggeruch verschwindet schnell und komplett.

Nächster wichtiger Punkt ist die Frage: Wie voll darf so eine Maschine überhaupt sein? Klar kriegt man sie mit drei Leuten immer irgendwie zu, besser aber, man hält sich an die Faustregel: oben immer eine Handbreit frei lassen.
Schäumt die Maschine (weil wieder mit der Menge Waschmittel übertrieben), dann etwas Salz in die Trommel geben.
Fusselt's, dann erst mal gucken, ob das Fusselsieb in der Waschmaschine voll ist. Jede halbwegs neue Maschine hat eins, meistens irgendwo vorn unten. Ist das Sieb voll, dann leeren (ist ein bisschen ekelig, muss aber sein). Fussel vermeidet man mit dem oben erwähnten Essig, eine Tasse pro Waschgang reicht. Kordsamt, der Liebling aller Fussel, nach dem Waschen abbürsten, wichtig: Die Kleidung muss noch feucht sein. T-Shirts links waschen, dann nehmen sie die

Fussel innen auf, wo sie keiner sieht. **Sollte die Wäsche nach dem Waschen muffig riechen,** dann liegt das meist an der Waschmittelschublade. An deren Unterseite setzt sich nämlich gern mal Schimmel fest. Rausziehen, abbrausen und mit Essigreiniger überwischen. Auch im Dichtungsring an der Klappe sammelt sich immer mal wieder Ekeliges an. Einfach mit einem Lappen und Essig abwischen.

BETTWÄSCHE
Die sollte man immer in kompletten Sets waschen, es sei denn, die Laken haben eine andere Farbe, dann diese separat waschen. Hier reichen normalerweise 40 °C; bis 60 °C wegen der *Eiweißflecken*. Wem die Maschine zu leer ist, der darf einfach ein paar T-Shirts in der passenden Farbe dazugeben.

GARDINEN
Zuerst normal in der Waschmaschine bei 40 °C waschen. Dann in die Badewanne, wieder Wasser drauf und den Inhalt von zwei bis vier Tintenpatronen dazugeben, einweichen. Keine Angst die Wäsche wird nicht blau, sondern strahlend weiß. Die stark verdünnte blaue Farbe gaukelt dem Auge nämlich eine weiße Fläche vor, die weißer ist als weiß. Bei vergilbten (bäh) Gardinen, zur Tinte noch zwei bis vier Päckchen Backpulver geben.

KRAGENSPECK
Kopf hoch, auch wenn der Kragen dreckig ist. Der Widersacher heißt nämlich selten schmutziger Hals, sondern Körperfett. Bevor also das Hemd in die Waschmaschine geht, den Kragen mit Haarwaschmittel einschmieren. Das löst Körperfette, und der Kragen wird wieder blitzeblank. Ist der Kragen vergilbt, dann diesen mit Kreide einreiben und waschen. Bastler können sich aus Essig und Natron eine Paste zusammenrühren und es damit probieren. Sollten weder die Kreide noch die Paste beim

ersten Mal zu einem strahlend weißen Kragen führen, Prozedere wiederholen. Vorsicht, ein farbiger Kragen kann ausbleichen.

LEDER
Handschuhe, zum Beispiel, kann man mit Mut zum Risiko auch waschen. Lauwarmes Wasser nehmen, wenig Waschpulver und unbedingt mit der Hand waschen. Beim Spülen hinterher etwas Olivenöl dazugeben, sonst werden sie steinhart.

RICHTIG DRECKIGE WÄSCHE
Zwei Minuten Kinderspielplatz oder *Schatz, ich wechsle mal eben das Teil am Auto* können ja Verheerendes anrichten. In Fällen also, in denen man Angst haben muss, dass die Waschmaschine hinterher innen dreckig ist, eine halbe Tasse Salmiakgeist in die Maschine geben und die Klamotten entsprechend der angegebenen Temperatur waschen. Beeindruckendes Ergebnis.

TENNISSOCKEN

Passen bekanntlich prima zu Sandalen, werden aber leider schnell grau, deshalb in jede Socke eine halbe Zitrone (ohne Schale) stecken und diese dann mitwaschen. Wenn schon blöde Sprüche über weiße Socken, dann wenigstens über strahlend weiße, oder? Zitrone macht übrigens vieles Weiße noch weißer. Problematisch ist nur, die Zitrone am Kleidungsstück festzubekommen. Es sei denn, man hat einen guten Tacker.

WASCHMITTEL VERSUS WASCHNÜSSE

Leider gewinnt in diesem Fall das Waschmittel. Nüsse sind zwar so was von Öko, helfen aber bei einheimischen Klamotten nicht wirklich. Klamotten hierzulande sind nämlich mit Aufhellern behandelt, und Waschnüssen (gibt's in Ökoläden) mangelt es an Tensiden. Ergebnis: Wäsche, mit den indischen Nüssen gewaschen, wird grau. Wem das egal ist, nur zu.

WEISSE WÄSCHE WIRD WEISSER

Finger weg von den 90 °C Grad, völlig unnötig! Stattdessen Natron nehmen, gibt's in jeder Drogerie zu kaufen.

WOLLSACHEN SCHÜTZEN

Da trotz Handwäsche ja immer die Gefahr besteht, alles auf Puppengröße zu verkleinern, am besten einen Schuss Glyzerin ins Waschwasser geben. So sollte nichts mehr einlaufen.

Die meisten Kleidungsstücke sind übrigens mit Pflege-Etiketten versehen, und was die bedeuten, steht hier:

ÜBRIGENS:

Ist die Wolle in der Wäsche hart geworden? Dann die Klamotte nicht gleich wegschmeißen. Manchmal hilft es, wenn das gute Stück in Shampoo eingeweicht wird. Mit Glück werden die Fasern wieder weich und nehmen die ursprüngliche Form an.

Waschsymbole

WASCHEN

Maschinenwäsche

Pflegeleicht oder
Feinwaschgang

Besonders
schonend waschen

Handwäsche: kalt
oder lauwarm

Kalt waschen

Nicht waschen, also
reinigen lassen

TROCKNEN

Wäschetrockner
erlaubt

Wäschetrockner
nicht erlaubt

Trockner bei
hoher Temperatur

Trockner bei
niedriger Temperatur

BÜGELN

heiß bügeln

warm bügeln

lauwarm bügeln

nicht bügeln

REINIGEN & BLEICHEN

Reinigen mit allen
allgemein üblichen
Lösungsmitteln

Bleichen nur
mit Sauerstoff

Bleichen
erlaubt

Nicht chemisch
reinigen lassen

Schonende
Reinigung

Bleichen
nicht erlaubt

WIE BÜGELE ICH?

Ist öd, öd, öd. Ja, stimmt, hilft aber nichts. Der Knitterlook ist einfach nicht mehr in. Die gute Nachricht: Wenigstens ab und an kann man Bügeln vermeiden.

BÜGELEISEN PUTZEN

Auf die handwarme Metallfläche etwas Zitronensaft geben (egal ob Konzentrat oder frisch) und mit einem sauberen Lappen abreiben. Notfalls geht's auch mit Backofenspray oder Zahnpasta. Letztere bei kalter Metallfläche auftragen, ein bisschen polieren, dann feucht nachwischen und trockenreiben.

BÜGELN VERMEIDEN

Variante eins: Wer einen Trockner hat, kann das meiste Gebügel vermeiden. Die Bügelwäsche so lange in den Trockner geben, bis sie ordentlich warm ist, nicht trocken! Dann rausnehmen und einfach aufhängen. Mindestens 90 Prozent ist dann glatt genug und kann ohne Bügeln getragen werden.

Variante zwei: Die faltigen Klamotten irgendwo in der Nähe der Dusche aufhängen. Und zwar dann, wenn man gerade geduscht hat oder noch dabei ist. Türen und Fenster schließen. Der Wasserdampf zieht in den Stoff ein, und die Falten verschwinden. Meistens jedenfalls.

GARDINEN BÜGELN?

Einfach waschen und gleich feucht aufhängen, fertig.

HARTNÄCKIGE DAUERFALTEN

Saumfalten zum Beispiel verschwinden mit Essig. Den Stoff damit gut vollsaugen lassen (natürlich nur die entsprechende Stelle) und mit dem heißen Bügeleisen drüber. Achtung: Essig kann bleichen.

SCHNELLERES BÜGELN
Die Wäsche nicht mit kaltem, sondern mit warmem Wasser besprengen, das zieht viel schneller ein.

WIE NÄHE, FLICKE & RETTE ICH?
Bei einer aufgerissenen Jeans hilft: *Das muss so, ist in.* Bei Abendkleid oder Anzug dürfte diese Ausrede nicht funktionieren. Aber Nähen, Flicken und dadurch Retten ist gar nicht so schwer.

DICKE STOFFE NÄHEN
Dicker Stoff quält sich nicht mehr so mühsam durch die Maschine, wenn man die entsprechende Stelle im Stoff zuvor mit einem trockenen Stück Seife eingerieben hat.

FUSSELN ENTFERNEN
Scheint so eine Art Naturgesetz zu sein: Immer, wenn man eine Fusselbürste braucht, ist weit und breit keine aufzutreiben, und das Klebeband ist auch alle. In diesem Fall einen Topfschwamm nehmen (besser einen frischen) und mit der weichen Seite immer in eine Richtung die Fusseln abwischen. Für gröbere Stoffe wie zum Beispiel Jeans kann man auch die gröbere Seite des Schwamms nehmen.

JEANS VERLÄNGERN
Der hässliche weiße Streifen beim Auslassen der Hosenbeine verschwindet mit wischfester Tinte. Den entsprechenden Farbton mit Wasser anmixen, mit einer Bürste auftragen, trocknen lassen. Ergebnis: längere Jeans ohne weiße Streifen.

KLAMOTTEN SCHLAGEN MICH
Einfach das elektrisch aufgeladene Kleidungsstück durch einen Metallkleiderbügel ziehen.

KLAMOTTEN KLEBEN UND HAFTEN
Dann stärken, mit Stärkespray.

KNÖPFE
Hier gilt: Doppelt annähen hält besser. Die Knöpfe fallen nicht so schnell ab, wenn man jeweils zwei Knopflöcher separat festnäht. Zahnseide ist stabiler als viele Nähgarne und empfiehlt sich für den Einsatz zum Beispiel an Kinderklamotten. Macht den lieben Kleinen ihr Lieblingsspiel *Wie lange muss ich hier dran drehen, bis der Knopf abfällt?* nicht ganz so leicht. Knöpfe bleiben länger dran, wenn man nach dem Annähen auf die Fäden farblosen Nagellack gibt, das versiegelt. Geht ein Knopf nicht ab, dann diesen mit einem Kamm hochheben und mit einer Rasierklinge drunter durchfahren.

KRATZENDE PULLOVER
Da gibt's zwei recht einfache Möglichkeiten. Entweder man legt den Pullover über Nacht in die Gefriertruhe. Oder man wäscht ihn mit mildem Haarwaschmittel, legt ihn zehn Minuten in ein Haarkurbad und spült ihn aus. Ist die Wolle allerdings so minderwertig, dass auch das alles nicht hilft, dann wird's immer kratzen. Also was drunterziehen oder loswerden.

LAUFMASCHEN
Die stoppt man immer noch mit dem Klassiker: farblosem Nagellack. Möglich ist auch Haarspray. Im absoluten Notfall hilft auch erst mal Seife. Nass drüberreiben, trocknet und hält auch ein bisschen.

NADEL EINFÄDELN

Haarspray oder irgendein anderes Stärkespray auf den Faden. Der wird dadurch steif und lässt sich viel leichter einfädeln.

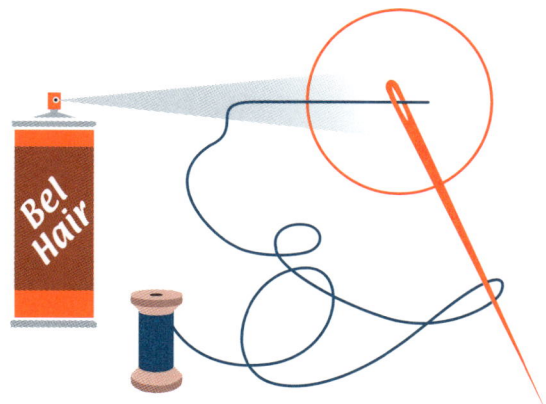

NÄHMASCHINENADELN

Werden auch mal stumpf, kann man aber problemlos mit Schmirgelpapier wieder hinkriegen. Einfach die Nadel ein paar Mal durch das Papier stechen. Wer zu faul dazu ist, kann auch über Schmirgelpapier nähen.

NÄHSACHEN AUFBEWAHREN

Damit es nicht pikt beim Wühlen in der Nähkiste, einen großen Magneten rein und alles Spitze davon anziehen lassen. Pfeifenreiniger geht auch oder ein Stück Seife. Letzteres hat den hübschen Nebeneffekt, dass durch die Schmiere in der Seife die Nadeln leichter durch den Stoff gehen.

REISSVERSCHLÜSSE

Müssen geschlossen sein beim Waschen, dann gehen sie auch wieder auf. Sind sie aber auf, gehen sie manchmal nicht mehr zu. Wenn Reißverschlüsse klemmen, dann leicht einfetten oder aber mit einer Bleistiftmine drüberreiben.

SOCKEN VERGRÖSSERN

Socken sind wirklich hinterhältige Biester. Entweder sie verschwinden beim Waschen oder aber sie laufen ein. Das Verschwinden ist offenbar ein Naturgesetz, gegen das Einlaufen helfen große Flaschen. Die gewaschenen, feuchten und eingeschrumpelten Socken über die untere dicke Seite (Flaschenhals nützt nichts) von Eineinhalb-bis-zwei-Liter-Flaschen stülpen und dort trocknen lassen.

VERFÄRBEN

Die erste Wäsche ist die gefährlichste. Neue Klamotten bleichen nicht aus, wenn dem Wasser ein Schuss Essig zugegeben wird; das gilt übrigens auch bei selbst gefärbten Klamotten. Ansonsten immer hübsch auf die Temperaturen achten. Die 30-°C-, 40-°C- oder 60-°C-Waschangaben sind keine ungefähren Richtwerte.

WIE LAGERE ICH & MISTE AUS?

Da tut es am besten immer noch der dunkle, dunkle Schrank, Klamotten mögen es dunkel, nicht um miteinander zu fummeln, sondern weil sie in der Sonne ausbleichen. Außerdem schützt so ein Schrank am besten vor Biestern, die sich von Klamotten ernähren. Und ja, man kann sich von Klamotten auch trennen.

KLEIDERSCHRANKMITBEWOHNER

Klar gibt's Mottenkugeln, aber die riechen eben auch nach Mottenkugeln. Deshalb lieber zweimal im Jahr Schrank leer räumen und auswischen. In das Wischwasser ein paar Tropfen Lavendel- oder Minz- oder Teebaumöl geben, und es traut sich keine Motte mehr rein. Wer zu faul zum Wischen ist, der kann auch Orangenschalen klein schnippeln und zusammen mit ein paar Gewürznelken im Schrank deponieren, mögen Motten auch nicht.

KLEIDERSCHRANK VOLL?

Natürlich kriegt man alle Sachen irgendwie in den Schrank und die Tür auch wieder zu, besser ist aber, die Winter- oder Sommersachen zu trennen und jeweils einzulagern. Die Klamotten in dicke Tüten (durchsichtige Mülltüten sind prima) legen, dazu Duftkissen aus entweder Lavendel, Teebaumöl oder Minze packen und möglichst luftdicht schließen, zum Beispiel mit einem Folienschweißgerät. Notfalls tut es auch ein Gummi oder Klebeband.

PELZE LAGERN

Pelze, die man über den Sommer einlagern will, mit ordentlich Pfeffer bestreuen, das schützt vor Motten.

WOLLE LAGERN

Die weißen Wollsachen vergilben nicht, wenn sie in blaues Papier oder auch blaues Leinen gewickelt werden.

AUSMISTEN

zu groß

zu weit

geschmacklos

WEG!

6 MONATE nicht getragen

12 MONATE nicht getragen

> Ausmisten

Brauch ich das noch? Genau die falsche Frage beim Ausmisten, denn in 99 Prozent beantwortet man sie mit einem klaren *Könnte sein*. Geht man so ans Ausmisten des Kleiderschranks, kann man es gleich vergessen. Besser ist da also: *Benutz ich das noch?* oder *Trage ich das noch?* Ganz wichtig: ehrlich sein zu sich selbst. Weil aber genau das besonders schwer ist, vielleicht mal so versuchen:

1. Zu-klein- oder Zu-weit-Gewordenes aussortieren.
2. Fehlkäufe aussortieren. Gekauft ist es nun mal, deshalb muss es aber noch lange nicht im Schrank rumhängen.
3. Alle Bügel im Kleiderschrank in eine Richtung drehen. Immer, wenn ein Kleidungsstück getragen wurde, in die andere Richtung. Funktioniert natürlich auch bei Pullovern, Hosen oder T-Shirts. Einfach verkehrtherum im Schrank stapeln und nach dem Benutzen umdrehen.
4. Einen klaren Zeitrahmen setzen (6 oder 12 Monate). Alles, was in diesem Zeitraum nicht getragen wurde, fliegt raus. Gnadenlos weg damit! Rotes Kreuz, Caritas u.v.a. können heile Kleidung immer gebrauchen.

WIE PFLEGE ICH SCHUHE?

Alte Schuster können angeblich am Zustand der Schuhe den Charakter eines Menschen erkennen. Um es diesen Typen nicht so leicht zu machen, mal Schuhe pflegen. Außerdem: Oben hui und unten pfui muss ja auch nicht sein.

FLECKIGE LEDERSCHUHE

Mit einer halben Zwiebel abreiben, anschließend mit einem weichen Lappen nachpolieren.

GLATTLEDER
Funktioniert so ähnlich wie beim Barbier. Ein Tuch in kochendes Wasser tauchen, auswringen (nicht direkt anfassen, sondern besser mit Handschuhen), dann um das Leder legen, einwirken lassen; so öffnen sich die Poren. Anschließend großzügig mit Fett oder Olivenöl einreiben.

LACKSCHUHE
So viel Spucke hat ja kein Mensch, deshalb mit etwas Vaseline einreiben und nachpolieren.

SCHNÜRSENKEL AUSGEFRANST
Die Spitze in (farblosen) Nagellack tunken, zusammenpressen und trocknen lassen.

SCHNÜRSENKEL LEBEN LÄNGER
Wenn sie vor dem ersten Gebrauch in essigsaure Tonerde (gibt's in der Apotheke) getaucht werden. Zerfranste Senkel damit einstreichen, zusammendrücken und trocknen lassen. Die Tonerde imprägniert außerdem.

SCHUHCREME EINGETROCKNET
Lange nicht geputzt, was? Ein paar Tropfen Milch in die Risse gießen, und schon wird die Creme wieder geschmeidig.

SCHUHE DRÜCKEN
Hochprozentigen Alkohol (keinen Eierlikör!) reinkippen, gut verteilen und danach die Schuhe sofort anziehen. Das Leder gibt nach und drückt nicht mehr so.

SCHUHE KNARREN
Dann hat man sie auch nicht bezahlt, sagte man früher. Kaufgewohnheiten gehen keinen was an, aber das Knarren

verschwindet bei Ledersohlen, wenn diese mit Leinöl eingerieben werden. Ruhig mehrfach wiederholen, macht nämlich
außerdem die Sohle haltbarer.

SCHUHE NASS

Alte Zeitungen reinstopfen, die saugen die Feuchtigkeit auf.
Tageszeitungen nehmen, Brigitte, Playboy etc. funktionieren
nicht, liegt am Hochglanzpapier und nicht am Inhalt. Schnee-
ränder außen verschwinden nach Abreiben mit Petroleum. Legt
man Wert auf steinharte Schuhe mit brüchigem Leder, dann am
besten direkt auf der Heizung trocknen, sonst lieber nicht.

SCHWEISSFÜSSE

Ein oder zwei Packungen Backpulver mit lauwarmem Wasser
verrühren und die Paste dann auf die Füße auftragen. Kurz
einwirken lassen, dann abtrocknen und anschließend die Füße
pudern. Backpulver in die müffelnden Schuhe, dann stinken sie
auch nicht mehr so.
P.S. Backpulver danach nicht mehr verwenden.

SEGELTUCHSCHUHE

Die sehen erheblich länger neu aus, wenn man sie vor dem
ersten Gebrauch imprägniert. Pumpspray kaufen (Ozon-
schicht!), gibt's in jeder Drogerie. Sprüht man sie mit reichlich
Stärke ein (gibt's auch als Pumpspray in der Drogerie), sehen
sie ebenfalls länger gut aus. Segeltuchschuhe putzt man am
besten mit einer Zahnbürste und Teppichshampoo, Spülmittel
tut es zur Not aber auch.

VERSALZENE SCHUHE
Keine Angst, Sie haben nichts verpasst, wir reden hier von Streusalz. Essig und Wasser zu gleichen Teilen mischen und dann reiben, reiben, reiben.

WILDLEDERSCHUHE
Speckig glänzende Flecken mit einem speziellen Radiergummi (gibt's im Schuhladen) abreiben und dann in Wasserdampf halten. Wenn sich das Wildleder wieder aufgerichtet hat, trocknen lassen und überbürsten.

Was mache ich jetzt?

Wie wäre es mit einer Klamottentauschbörse? Machen bislang zwar meist Mädchen, dürfen Jungs aber auch. Bekannte und Freunde anrufen, die auffordern, ihren Kleiderschrank nach Fehlkäufen oder Ungetragenem zu durchsuchen, und dann tauschen. Wer viel loswerden will, tauscht eben zwei Kleidungsstücke gegen ein Fremdteil. So was macht Spaß, schafft Abwechslung im Kleiderschrank, kostet nix und gibt einem das Gefühl, seine Mitmenschen weitergebracht zu haben. Denn irgendeiner sagt garantiert: *Gute Idee, diese Börse, hatte ich endlich mal einen Grund, den Kleiderschrank auszumisten.*

Goldene Ordnungsregeln

Simpel, aber GUT

1 Klein anfangen. Eine Stelle auswählen und aufräumen (z. B. Tisch frei machen).

2 Sich über die ordentliche Stelle freuen und dann die zweite, dritte Stelle usw. schaffen, bis das komplette Zimmer aufgeräumt ist.

3 Dabei Gleiches zu Gleichem sortieren. Papiere auf einen Haufen, Geschirr in die Küche etc.

4 Alles, ja, wirklich ALLES, was Sie nicht mehr benötigen, kommt weg. Wem es schwerfällt, der sollte zuerst alles Unnütze in Säcke o. Ä. packen. Diese wegstellen (z. B. in den Keller), eine Zeit lang stehen lassen (einen Monat oder so) und dann, ohne zu zucken, weg damit. Spenden, wegschmeißen, verkaufen oder was auch immer. Machen Sie sich nichts vor. Der Satz *Könnte ich ja vielleicht noch mal gebrauchen* gilt nicht!

5 Allen übrig gebliebenen Dingen einen festen Platz geben!

6 Immer ein Zimmer nach dem anderen aufräumen!

7 Auch Dreck gehorcht Naturgesetzen und fällt runter. Deshalb immer zuerst oben (Schrank, Lampen usw.) und dann unten (Boden) putzen.

8 Unordnung vorbeugen: Alles, was man anfängt, auch zu Ende machen! Erst dann was Neues anfangen. Ende ist, wenn alles wieder an seinem Platz ist.

Was brauche ich?

DEN KOPF
OFFENE AUGEN
ZETTEL
STIFT

VOM SPAREN

Ich hab kein Geld, um mir was Billiges zu kaufen! Das galt schon früher und gilt heute erst recht. Klar gibt's alles irgendwie für wenig Geld, aber das ist dann eben auch nur billig und selten gut. Wer ständig auf den Geldbeutel guckt und immer das wählt, was am wenigsten kostet, der zahlt drauf, ganz sicher. Beispiel Werkzeuge: Die gibt's fast immer in zwei Varianten, in einer billigen und in einer, die auch öfter als zweimal zu gebrauchen ist. Bei der ersten Variante muss der niedrige Preis irgendwoher kommen: Meist entsteht er, weil das Werkzeug aus dem billigsten Material, was aufzutreiben war, husch husch zusammengeschustert wurde. Also beim Sparen erst überlegen, dann kaufen – und außerdem vergleichen schadet sowieso nicht. Für Sparanfänger gilt: Den Anfang machen mit einer Aufstellung der laufenden Kosten. Dann wirklich ALLES hinterfragen und an das berühmte Kleinvieh und den Mist denken. Versicherungen testen zum Beispiel. Muss ich die haben? Wer profitiert davon? Die nette Person, die sie mir angedreht hat, oder wirklich ich? Unabhängige Beratung bieten unter anderem der Bund der Versicherten (**www.bundderversicherten.de**) oder speziell für Frauen z. B. die Fair Ladies (**www.fairladies.de**). Also nicht die Versicherungsvertreter fragen – ein Kneipenwirt sagt einem ja auch nicht *Hör mit dem Trinken auf!* Merke: Geiz ist nicht geil, Geist ist geil. Mehr Tipps zum Sparen gibt's hier.

WANN SPARE ICH?

Sparen kann man Tag und Nacht, egal bei welchem Wetter.

WIE SPARE ICH STROM?

BACKÖFEN

Sind nun mal Energieverschwender. Wenigstens etwas lässt sich sparen, wenn der Ofen kürzer vorgeheizt wird. Also zum Beispiel einen Käsekuchen (das beste Rezept der Welt: s. S. 57) backt man bei etwa 180 °C, in die Röhre kann er aber schon bei 150 °C. Außerdem: Den Ofen ruhig ein paar Minuten (maximal fünf bis sechs) früher ausschalten. Der Kuchen bäckt in der Restwärme fertig.

ENERGIESPARLAMPEN VERSUS GLÜHLAMPEN

Glühlampen sind erst mal preiswerter, machen aber in der Regel nach etwa 1 000 Stunden schlapp. Energiesparlampen fallen unter die Rubrik »Erst teuer und dann billig«. Eine 11-Watt-Energiesparlampe zum Beispiel brennt ebenso hell wie eine normale 60-Watt-Glühbirne, braucht also wesentlich weniger Strom. Dazu kommt: Sie brennt bis zu 12 000 Stunden, allerdings nur, wenn sie nicht dauernd an- und ausgeknipst wird. Die alte Nölerei, Glühlampen geben angenehmeres Licht, gilt heute nicht mehr. Was die Lichtfarbe angeht, einfach vom Händler beraten lassen.

HEIZLÜFTER

Mittlerweile ist es ja fast billiger, ein offenes Feuer mit seinen Antikmöbeln zu veranstalten, als elektrisch zu heizen. Gibt's aber nun mal ausschließlich Lüfter oder Ähnliches, dann wenigstens eine Zeitschaltuhr zwischenschalten. Gilt auch für Boiler, die müssen ja nicht Tag und Nacht laufen.

KÜHLSCHRÄNKE

Es war einmal ..., da gab's die Dinger noch nicht. Und weil es heute auch noch ab und zu richtige Winter gibt, funktionieren auch die Kühltipps von einst. Wenn es also kalt ist, Kühlschrank aus, alles raus in ein lichtundurchlässiges Gefäß und ab damit auf den Balkon. Am besten in eine Ecke, wo kein Sonnenschein hinfällt. Das Ganze gut abdecken und vor Feuchtigkeit von oben schützen. Kühlschrank übrigens einen Spaltbreit offen lassen, sonst müffelt es drinnen.

STANDBY

Man kann es nicht oft genug sagen, auch das kleine rote Lämpchen, das da brennt, verbraucht Strom. Also beim Wohnung-verlassen oder Insbettgehen alle Geräte nicht nur schlafen legen, sondern richtig ausschalten. Ist kein Ausschalter dran, dann Stecker raus. Mal ein paar Zahlen zum Erschrecken: Im Schnitt verballert ein durchschnittlicher Zweipersonenhaushalt in Deutschland so um die 100 Euro pro Jahr, nur weil die Geräte pausenlos auf Standby laufen.

WIE SPARE ICH WASSER?

KLOSPÜLUNG

Die nackichten Zahlen sprechen für sich: Ein Drittel der täglichen Trinkwassermenge verbraucht die Toilettenspülung. Fast die Hälfte davon lässt sich mit einer Wasserspartaste einsparen. Ist die Toilettenspülung defekt, kann das den Verbrauch auf circa 500 Liter pro Tag erhöhen.

WASSERHAHN

Ein tropfender Wasserhahn bringt es immerhin noch auf 17 bis 200 Liter vergeudetes Trinkwasser pro Tag. Dichtungen also immer schnell wechseln, s. S. 61. Wenn man grade dabei ist, und es nottut, dann die alte Armatur gegen moderne Einhebelmischer austauschen. Damit verplempert man kein Wasser beim Temperatureinstellen, das spart bis zu 50 Prozent!

> Und außerdem

Nur ein Drittel der Wassermenge eines Vollbades wird beim Duschen verbraucht, und beim Zähneputzen lieber den Becher nehmen.

WIE SPARE ICH HEIZKOSTEN?

FENSTER

Ältere Fenster immer abdichten, entsprechendes selbstklebendes Band gibt's unter anderem in jedem Baumarkt. Wie es funktioniert, steht auf der Packung. Neue Fenster sollten eh dicht sein, wenn nicht, dann siehe oben. Wer übrigens glaubt, mit Rollläden viel Energie sparen zu können, der irrt sich. Die heute üblichen Wärmeschutzverglasungen ersetzen das konsequente Schließen von Rollläden und Gardinen in der Nacht.

LÜFTEN

Erfroren sind schon viele, erstunken noch keiner. Klar können Sie nach diesem Motto leben, billiger ist es aber zu lüften. Grund: Frische Luft erwärmt sich besser als abgestandene. Fans von angekippten Fenstern können ihre Heizkörper auch gleich draußen befestigen, macht keinen Unterschied. Mit gekippten Fenstern heizt man nämlich nur zum Fenster raus. Lieber ein paar Mal am Tag das Fenster weit (noch weiter!)

öffnen und ein paar Minuten geöffnet lassen. Durchzug ist in diesem Fall prima. Lüften hilft übrigens auch gegen Schimmel. Die abgestandene warme Luft zieht dabei fix zum Fenster raus und nimmt die Feuchtigkeit im Raum gleich mit.

TEMPERATUREN

Weniger ist mehr. 22 °C brauchen nicht mal kleine Kinder. 18 °C bis 20 °C reichen völlig und gelten außerdem als optimal für die Atemwege. Generell gilt folgende Regel: Ein Grad mit der Temperatur rauf verursacht sechs Prozent mehr Heizkosten. Ein Grad mit der Temperatur runter sechs Prozent weniger. Entgegen der Überzeugung vieler dürfen dicke Pullover und Socken auch in der Wohnung getragen werden, steht jedenfalls nichts Gegenteiliges im StGB. Der T-Shirt-Look im Dezember ist bei den aktuellen Energiekosten eh zu teuer. Wer bislang so um die 25 °C bis 30 °C haben musste und jetzt doch sparen will, für den empfiehlt es sich, die Temperatur schrittweise zu senken. In Räumen, die kaum genutzt werden, reichen Temperaturen von 14 °C bis 16 °C, dann kühlen sie auch nicht aus.

VENTILE

Gemeint sind die Dinger, die oben aus der Heizung raus-stehen. Dreht man an dem Griff, lässt sich normalerweise die Temperatur des Zimmers verändern. Tut sich nix oder hat der Drehkopf keine Temperaturskala, dann lohnt sich in jedem Fall die Anschaffung guter Thermostatventile. Gut heißt in diesem Fall, die Modelle haben einstellbare Anschläge für Normal- und Absenktemperatur. Sind diese Anschläge nicht vorhanden, dann nicht gleich komplett neue kaufen, sondern zuerst den Fachhändler fragen. Viele Modelle lassen sich nämlich nachrüsten. Ersatzweise kann man sich die Einstell-marken auch aus farbigem Klebeband basteln oder mit Nagel-lack markieren. Wichtig beim Aufheizen mit Thermostat-

HEIZKÖRPER

Hier gilt: Wenn's gluckert, ist was faul. In diesem Fall ist Luft im Heizkörper. Also entlüften, und das ist einfacher, als man denkt:

1. Heizung aufdrehen.
2. Entlüftungsventil öffnen (ist entweder direkt am Griff oder bei älteren Modellen am anderen Ende des Heizkörpers).
3. Wasser läuft nach, das drückt die Luft raus (bei den seltenen offenen Systemen muss man selbst nachfüllen).
4. Kommt dann Wasser aus dem Ventil, schnell wieder verschließen.
5. Fertig.

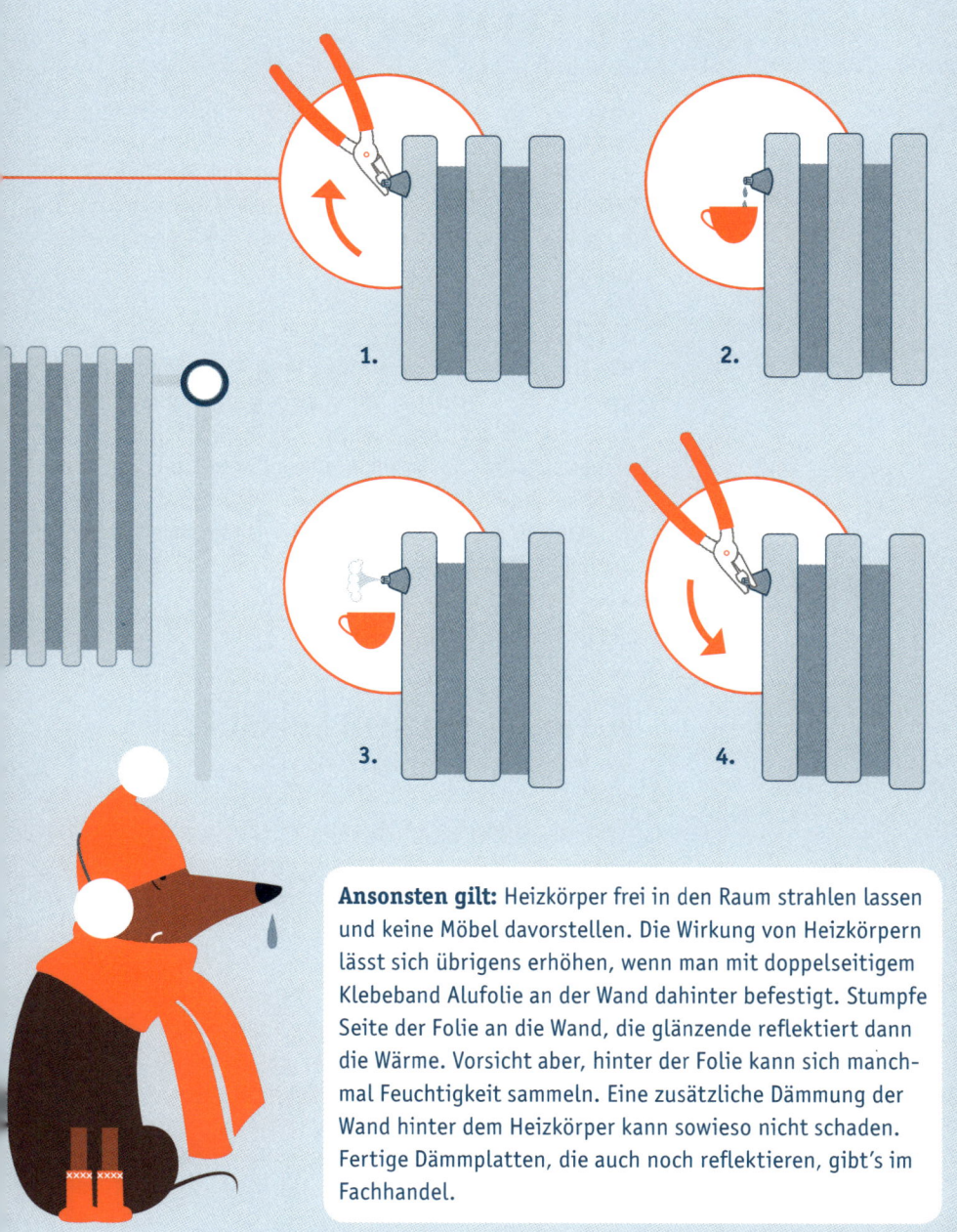

1.

2.

3.

4.

Ansonsten gilt: Heizkörper frei in den Raum strahlen lassen und keine Möbel davorstellen. Die Wirkung von Heizkörpern lässt sich übrigens erhöhen, wenn man mit doppelseitigem Klebeband Alufolie an der Wand dahinter befestigt. Stumpfe Seite der Folie an die Wand, die glänzende reflektiert dann die Wärme. Vorsicht aber, hinter der Folie kann sich manchmal Feuchtigkeit sammeln. Eine zusätzliche Dämmung der Wand hinter dem Heizkörper kann sowieso nicht schaden. Fertige Dämmplatten, die auch noch reflektieren, gibt's im Fachhandel.

ventil: Nicht gleich auf die höchste Stufe drehen, sondern direkt auf die gewünschte Raumtemperatur. Das Thermostat öffnet dann die Leitung so lange, bis die Wunschtemperatur im Raum erreicht ist. Ab und an sollte man seine Ventile testen. Energieschützer empfehlen:

1. Testen am Tag. An einem kalten und wolkigen Tag die Thermostatventile komplett aufdrehen. Dann beobachten, wie hoch die Temperatur während des gesamten Tages steigt. Wird's wärmer als 22 °C, sind Vorregelung und Hydraulik falsch eingestellt, dann Fachmann kommen lassen. Steigt die Temperatur nur auf 22 °C, ist alles okay.
2. Testen in der Nacht. Heizkörper aus (programmieren oder per Hand). Werden die trotzdem nicht kalt, ebenfalls Fachmann kommen lassen, denn die dauernde Bereitstellung der Wärme kostet viel Geld.

WIE SPARE ICH BEIM EINKAUF?

Die meisten Kunden sind faul und Einkaufsstrategen nicht blöde. Das heißt, teure Produkte werden immer in Augenhöhe und Greifnähe in die Regale gepackt, für die billigen muss man sich bücken. Außerdem gucken Menschen hierzulande beim Einkaufen in der Regel nach rechts, deshalb packen die Supermarktplaner da die teuren und oft auch die unnützen Sachen hin, also nach links schauen und sparen. Übrigens, die frischen Sachen liegen immer hinter den älteren. Außerdem nie mit Hunger und immer mit Liste einkaufen gehen, schützt vor vielen überflüssigen Käufen. Obst und Gemüse in der Saison kaufen (Erdbeeren im Winter?). Ansonsten antizyklisch kaufen. Das heißt, nicht erst losrennen und Ski kaufen, wenn der erste Schnee runterkommt und alle kaufen, sondern schon im Sommer. Da kriegt man zwar nicht die allerallerneuesten Modelle, dafür sind aber die Topmodelle der vergangenen Saison viel billiger. Dann stellt sich noch die Frage: No-Name oder Marke? Die Entscheidung liegt am Geldbeutel, allerdings verkaufen viele Markenfirmen ihre Produkte unter anderem Namen auch in Discountern. Nachgucken lässt sich das zum Beispiel unter **www.wer-zu-wem.de**.

GEIST IST GEIL!

ALTBATTERIEN-RESTEVERWERTUNG

Batterien, die für Walkman, Recorder, Diktiergeräte usw. schon zu schwach sind, funktionieren für Wanduhren oder Wecker noch sehr lange, nämlich bis zu neun Monaten.

BODYLOTION-RESTEVERWERTUNG

Leere Bodylotionflaschen mit etwas warmem Wasser füllen, schütteln und ins laufende Badewasser geben. Gibt wenigstens einmal noch ein prima Pflegebad.

BRIEFMARKEN KLEBEN NICHT

Dann die Klebebeschichtung eines Briefkuverts anfeuchten und die Briefmarke darüberreiben. Mit Zweikomponentenkleber oder Ähnlichem kann das ja jeder.

BRIEFMARKEN KLEBEN ZUSAMMEN

Passiert ja meistens, wenn die Dinger feucht geworden sind. Lösen lassen sie sich, indem man das Ganze ins Gefrierfach packt und etwa eine halbe Stunde wartet. Durch die Kälte lassen sie sich dann wieder leicht trennen und sollten auch noch kleben. Wenn nicht, siehe oben.

FEUERANZÜNDER

Muss man nicht fertig kaufen, getrocknete Zitronen- und Apfelsinenschalen ergeben nämlich einen sehr guten Feueranzünder. Chips übrigens auch.

KERZEN VERLÄNGERN

Sie brennen länger und tropfen weniger, wenn man sie vor Gebrauch mehrere Stunden in den Kühlschrank legt. Legt man sie davor noch in kaltes Salzwasser, sollten sie überhaupt nicht mehr tropfen.

KLEBSTOFF SELBER MACHEN

Keine Angst, jetzt kommt keine chemische Formel. Einfach etwas Gelatine nehmen, Essig dazugeben, und zwar so lange, bis die Masse Klebstoff ähnelt. Mit der Pampe lässt sich Holz, Glas und Porzellan ganz anständig kleben.

KUGELSCHREIBERMINEN

Schreiben meist wieder, wenn man die Spitze mit dem Feuerzeug kurz erhitzt.

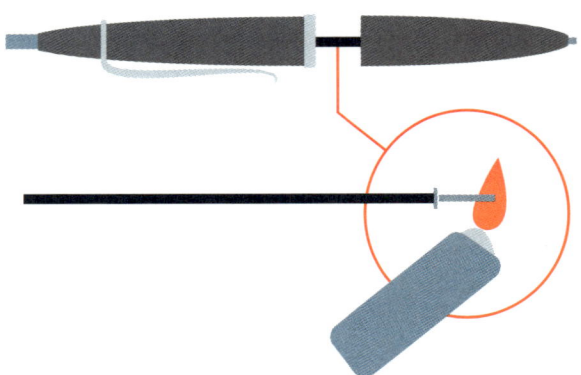

SEIFE SPAREN

Nein, nicht weniger waschen! Um nie mit kleinen Seifenresten rummachen zu müssen, einfach eine neue Seife nehmen, anfeuchten, den kleinen Rest draufdrücken, trocknen lassen, fertig.

ZITRONE TRÖPFCHENWEISE

Genauso wenig wie man für ein Glas Milch 'ne eigene Kuh braucht, muss man für ein paar Tropfen eine ganze Zitrone aufschneiden. Mit einer Nadel ein kleines Loch in die Zitrone stechen, und schon kann man den Saft tröpfchengenau dosieren.

ZITRONEN SAFTIGER

Vor dem Auspressen eine Weile zwischen beiden Händen rollen. Für Faule: Kurz in die Mikrowelle; ergibt den gleichen Effekt.

Was mache ich jetzt?

Wie wäre es mit ein bisschen Gutmenschentum? Wie wäre es mit Spenden? Zu knausern und alles Geld für sich zu behalten gibt eh mieses Karma. Besser mal durchrechnen, was man gerade durch die Tipps an Barem gespart hat, und die Hälfte oder wenigstens ein Drittel davon denen zukommen lassen, die weder Mikrowelle noch Strom haben. Keinem davon erzählen, das gibt ein wirklich gutes Gefühl. Merke: Wichtig ist, sich die Spendenorganisation genau anzusehen, egal wie toll ihr Name klingt.

Was brauche ich?

ARNIKA
BASILIKUM
BIER
BORAX
EISWÜRFEL
ESSIG
GURKE
HEFE
HONIG
JOD
KAMILLENBLÜTEN
KARTOFFELN
KOMPRESSEN
LAVENDEL
MULLBINDEN
NELKEN(-ÖL)
NOTRUFNUMMER 112
ÖL
PFEFFERMINZÖL
PFLASTER
PINZETTE
SALBEI
SCHERE
THYMIAN
WASSERSTOFFPEROXYD
ZAHNPASTA
ZITRONE
ZUCKER

06 NOTFÄLLE & KATASTROPHEN

Ab wann ist eigentlich Notfall? Wenn der Partner in gewissen zwischenmenschlichen Situationen regelmäßig *Erster!* ruft oder erst wenn das Häuschen nur noch vor sich hin glimmt? Oder soll man sich lieber an den Duden halten? Da heißt es: *Notfall ist eine Situation, in der dringend Hilfe benötigt wird.* Leicht gesagt, dringende Hilfe benötigen die einen, um Schnürsenkel zu binden, andere dagegen erst bei schweren Herzoperationen auf dem Küchentisch; die lassen wir aber aus. Dieses Kapitel behandelt vor allem die harmloseren alltäglichen Katastrophen an Mensch und Haushalt, und die reichen von unerwünschten Viechern über fiese Behälter, die nicht aufgehen, bis hin zu kleinen und mittelgroßen Auas.

WIE HELFE ICH MIR?

> Not am Mann/an der Frau

Insgesamt passieren etwa 70 Prozent aller Unfälle in Haushalt und Freizeit. Sollten dabei aber Kreissägen, Schlagadern, hohe Leitern oder lose Körperteile eine Rolle spielen, unbedingt zum Arzt gehen! In harmloseren Fällen mal so versuchen:

WAS IM AUGE

Keine Panik und nicht reiben. Der Staub, oder was immer da im Auge gelandet ist, kann mit verstärktem Tränenfluss wieder ausgeschwemmt werden. Also Zwiebel aufschneiden, losheulen.

AUGE BLAU

Bei Veilchen erst kühlen, z. B. mit in ein Handtuch gewickeltem Eis. Kein Aspirin nehmen, das verdünnt das Blut, und das Veilchen wird noch eine Nuance blauer. Stammt das Veilchen von einer Klopperei, dann auch besser nicht die Nase putzen. Ist nämlich was gebrochen, wird mit etwas Pech Luft von der Nasennebenhöhle in die Augenhöhle geblasen, und das Gesicht quillt auch noch auf. Veilchen verschwinden von allein. Schneller geht's, indem man Zahnpasta draufschmiert.

GESTAUCHT, GESTOSSEN, GEPRELLT, GEZERRT

Vier Auas, ein Mittel: Arnika. Als Salbe oder Tinktur so schnell wie möglich draufgeben. Kühlen und hochlegen kann ebenfalls nicht schaden.

GESTOSSEN

Bevor ein Horn wächst, schnell kühlen. Entweder ein Messer (flache Seite!) auf die Stelle drücken oder den Kopf an die Fensterscheibe pressen. Eiswürfel oder irgendwas anderes aus dem Eisfach geht auch.

HEXENSCHUSS

Kann nur ein Arzt wirklich behandeln. Bis der kommt, lassen sich aber die Schmerzen lindern. Dazu müssen die verengten Blutgefäße geweitet werden. Am besten also eine Wärmflasche auf den Rücken legen oder aber die schmerzende Stelle mit Johanniskrautöl oder Arnikaessenz (Apotheke) einreiben. Schmerzmittel sind auch gut, die weiten die Blutgefäße ebenfalls. Den Held spielen empfiehlt sich bei Hexenschuss nicht. Wenn's geht, nicht bewegen, am besten liegen bleiben und Füße hoch. Hilfe holen lassen.

INSEKTENSTICHE

Aloe Vera drauf oder mit Essig betupfen, dann heilt es besser und juckt auch nicht mehr so sehr. Wer Zeit hat, kann auch losziehen und Blätter von Spitzwegerich oder Breitwegerich sammeln. Die wachsen so gut wie überall. Einfach draufreiben.

KAUGUMMI IM HAAR

Entweder Schere oder Öl. Völlig egal ob Oliven- oder Sonnenblumenöl. Die betroffene Stelle ordentlich einölen, und schon lässt sich der Kaugummi rausnehmen. Hautcreme geht auch.

KOPFSCHMERZEN

Dann küssen. Sich nicht abknutschen lassen, sondern selber austeilen. Sehr häufig entstehen Kopfschmerzen durch Muskelverspannungen im Gesicht, und die verschwinden oft allein dadurch, dass man die Lippen spitzt. Das entspannt nämlich den gesamten Kieferbereich. Bei bohrenden Kopfschmerzen einen Eiswürfel auf den Schläfen kreisen lassen oder aber an Pfefferminzöl schnuppern. Hält der Kopfschmerz trotzdem an, dann unbedingt zum Arzt!

MUSKELKATER

Entweder weiterjoggen oder Magnesium nehmen. Gibt's in jeder Apotheke. Je weniger man sich bewegt bei Muskelkater, desto schlimmer wird es.

NASENBLUTEN

Kalte Umschläge in den Nacken legen, und wenn es ganz schnell gehen soll, auch noch was Kaltes trinken. Dadurch ziehen sich die Blutgefäße zusammen, und es hört auf zu bluten. Wenn's nicht aufhört: Nase zupfropfen. Entweder mit Tampon, Zellstoff, Klopapier oder Mullbinde. Achtung: Kinder und Leute, die nicht selber auf sich aufpassen können, nicht hinlegen. Ist die Nase zu, läuft das Blut hinten im Hals runter, man kann sich daran verschlucken und ersticken!

SCHNITTWUNDEN

Ein sauberes (!) Tuch in heißes Wasser tauchen und auf die Verletzung legen. Die Hitze lässt das Bluteiweiß gerinnen, die Blutung kommt in der Regel zum Stillstand. Ruhig zuerst etwas bluten lassen, bevor ein Pflaster draufkommt (gilt nicht bei pulsierenden, großen Strömen!), so werden eventuell eingedrungene Keime und Dreckpartikel ausgeschwemmt. Ist die Wunde sehr dreckig, zuerst mit klarem Wasser oder besser: Wasser mit Kernseife oder noch besser: Wasser mit Kochsalz oder noch besser: dreiprozentiger Wasserstoffperoxydlösung ausspülen.

SCHÜRFWUNDEN

Haben die sich entzündet oder verheilen schlecht, dann Kompressen in einen Aufguss mit Kamillenblüten eintauchen. Noch warm auflegen. Genauso gut: Bäder in Salzwasser.

SPLITTER IM FLEISCH

Rausziehen und reinigen. Ist der Splitter – wie so oft – nur zu spüren, aber nicht zu sehen, dann Jod auf die Stelle tupfen. Was immer in die Haut eingedrungen ist, läuft dann dunkel an. Lässt er sich dann nicht entfernen, keine Panik, der Körper stößt den Splitter wieder ab, irgendwann bestimmt. Dies gilt nicht bei Glassplittern. Die werden vom Körper nicht abgebaut, sondern im Gegenteil manchmal sogar akzeptiert und eingebaut. Wandert der Splitter dann in Gelenke (vielleicht will er ja mal Neues sehen), kann er dort großen Schaden anrichten. Bei Glassplittern, die also nicht freiwillig rauskommen, ab zum Arzt.

VERBRANNT ODER VERBRÜHT

Bei schweren Verbrennungen immer zum Arzt. Bei kleineren, leichten Verbrennungen (ist die Herdplatte eigentlich an?) sofort mit kaltem Wasser kühlen. Kein Eis nehmen, das schädigt die Haut noch mehr. Dann wie eine normale Wunde versorgen. Jodsalbe und Pflaster sind prima.

ZAHNSCHMERZEN

Zahnschmerzen lindert man laut mancher Experten etwa so: Kreide abschaben und eine Messerspitze mit dem Nasenloch einsaugen, das den Schmerzen am nächsten ist, dann einen Kopfstand machen und die Titelmelodie von Heidi so laut und so hoch wie möglich singen. Wirklich hilft dagegen, auf Nelken herumzukauen oder Akupressur. Der entsprechende Punkt heißt »Du 26« und liegt zwischen Oberlippe und Nase, genau in der Kuhle. Zehn Sekunden draufdrücken, und wenn das auch nicht hilft, dann muss wohl doch der Zahnarzt ran. Ist irgendwas im Mund entzündet, hilft Hitze: Heiße Wickel auf die Wange legen und oder mit heißem, ungesüßtem (!) Kamillentee spülen.

> Not mit Heim & Herd

Not macht bekanntlich erfinderisch – ist aber doch schön, wenn man sich nicht selbst den Schädel zerbrechen muss, außerdem kriegt man den mit Hausmitteln nur sehr selten wieder heile.

ES BRENNT

Fett, Benzin oder Wachs, das brennt, nicht mit Wasser löschen. Das macht alles nur noch schlimmer. Fackelt was von den dreien, dann die Flammen zum Beispiel mit Sand oder einer Decke ersticken. Bei allem anderen, was brennt, mit Wasser probieren oder besser 112 wählen.

GLASSPLITTER AUFLESEN

Die großen Teile kriegt man ja problemlos zu fassen, für die feinen Splitter einen feuchten Wattebausch nehmen.

KEINEN KORKENZIEHER

Den Flaschenhals abschlagen klappt notarztfrei nur in Filmen, deshalb heißes Wasser über den Flaschenhals laufen lassen. Die so innen erwärmte Luft sollte den Korken raustreiben. Korken reindrücken geht natürlich auch, oder aber einen Schraubhaken oder eine Schraube reindrehen. Mit Hand oder Zange anschließend rausziehen.

KEINE KLOBÜRSTE

Ein Blatt Zeitungspapier in die Schüssel und dann mal los.

LECK IN DER GASLEITUNG

Finger weg! Gas abstellen, lüften, Fachmann holen.

1.

2.

3.

MUTTI KOMMT

Gilt auch für anderen unangemeldeten Besuch, den man reinlassen muss. Wer unaufgeräumt im Erdgeschoss wohnt, hat Pech gehabt. Ab der dritten Etage kriegt man Ordnung noch vorgetäuscht.

1. Eine Tagesdecke aufs Bett schmeißen; ist die nicht glatt gezogen, egal, schlimmer wäre das ungemachte Bett.
2. Rumfliegende Klamotten ohne Rücksicht auf Verluste in Schrank oder Schubladen stopfen.
3. Geschirr in der Spüle ist besser als davor (*Schön, dass du das bist, ich wollte gerade abwaschen!*). Merke außerdem: Glänzen die Armaturen, sieht jedes Bad fast sauber aus.

LECK IN DER WASSERLEITUNG
Nicht mit Klebeband oder Ähnlichem rumpfuschen. Wasser abstellen, Fachmann holen.

SCHLOSS EINGEFROREN
Dann den Schlüssel und nicht das Schloss erhitzen. Ist dieser heiß, hineinstecken und ganz vorsichtig drehen.

SCHLÜSSEL KLEMMT
Entweder mit roher Gewalt drehen (viel Spaß mit der horrenden Rechnung des Schlüsseldienstes) oder aber den Schlüssel in warmem Seifenwasser gründlich reinigen. Anschließend mit Paraffin (ist eine Art Wachs und gibt's im Baumarkt oder Drogerie) einreiben, nie mit Öl!

SCHRAUBGLÄSER GEHEN NICHT AUF
Dann einmal ordentlich mit einem Messergriff auf die Mitte des Metalldeckels hauen oder auch heißes Wasser über den Deckel laufen lassen. Beides sollte helfen, das Vakuum zu lösen, das den Deckel mit Gewalt festhält.

UNERWÜNSCHTE WERBUNG
Man kann sich einfach auf die Robinsonliste setzen lassen (**www.direktmarketing-info.de**). Da darf sich jeder eintragen, der keine Lust mehr auf adressierte Werbebriefe hat. Kostet nix und gilt fünf Jahre.

URLAUB UND PFLANZEN
Zehn Tage Südsee und keine Freunde, die zu Hause gießen? Das muss nicht den Tod aller Grünpflanzen bedeuten. Ein Baumwoll(!)faden hilft schon. Das eine Fadenende in einen Eimer mit Wasser, das andere Ende durch das Loch im Topf unten an die Wurzeln legen. Der Faden saugt sich voll, und die

Blumen können wie an einem Strohhalm Wasser ziehen. Funktioniert übrigens nicht bei mehrjährigen Auslandsaufenthalten.

WASSERLEITUNG EINGEFROREN
Solange sie nicht geplatzt ist, wird alles gut. Vorsichtig erwärmen, entweder mit einem Fön, einem Heißlüfter oder warmen Umschlägen.

ZAHNPASTATUBE GEHT NICHT AUF
Kurz unter heißes Wasser halten.

> Not mit Schädlingen & anderen Viechern
Es gibt Haustierchen, und es gibt Tierchen im Haus. Hier gibt's Hilfe gegen die uneingeladenen Viecher, die, wenn sie erst mal da sind, meistens nicht wieder wegwollen.

AMEISEN
Vorbeugung ist die halbe Miete. Besonders wenn's warm ist, keine Essensreste stehen lassen. Einzelne Ameisen sofort aus dem Haus fegen. Es könnten Kundschafter sein, die ihren Kollegen huschhusch Bescheid geben, sobald sie was Attraktives gefunden haben. Führt die Ameisenstraße bereits genau da lang, wo sie nicht langführen soll? Dann den Tierchen einige Nelken (die Gewürze, nicht die Blumen) in den Weg legen. Essigessenz tut es auch, muss aber immer mal wieder erneuert werden, weil sie relativ schnell verfliegt. Wer ganz sichergehen will, muss die Ameisen bis zu ihrem Nest verfolgen. Viel kochendes Wasser draufkippen. Allerdings sind Ameisen prima Viecher, es ist also böse und unnötig, alle umzubringen, wenn sie doch auch einfach weggelockt werden können. Eine Zuckerspur zu einem Leckereienhaufen (Kompost) im Freien legen, und sie kommen frühestens zurück, wenn alles verspeist ist.

BLATTLÄUSE

Nicht genug gegossen! Ist die Blumentopferde zur Kleinstwüste geworden, siedeln sich Blattläuse nämlich besonders gern an. Es ist doch erstaunlich, wozu Drogen alles gut sein können. Asche von Zigarren oder Pfeife mit Wasser vermischen und damit Pflanze und Tierchen besprühen.

Um vorzubeugen, kann man die Asche auch gleich unter die Blumenerde mischen.

Auch Zündhölzer, mit den Schwefelköpfen in die Blumenerde gesteckt, vertreiben Schädlinge von den Pflanzen.

FLIEGEN

Alles blau streichen. Fliegen hassen Blau. Außerdem mögen sie keine dunklen Räume und keinen Durchzug. Lavendel und Basilikum finden Fliegen ebenfalls ekelig, genauso eine mit Nelken gespickte Zitrone. Ansonsten gilt: Zum Lüften immer nur die Fenster öffnen, die im Schatten liegen, außerdem keine Lebensmittel offen rumliegen lassen. Brummen Fliegen in der Küche, reicht es, ein paar Tropfen Essigessenz auf die Herdplatte zu geben. Platte anschalten und Fenster öffnen für den Fliegenfluchtweg.

FRUCHTFLIEGEN

Gegen Fruchtfliegen hilft ein Cocktail aus Zuckerwasser, Essig und Spülmittel (jeweils ein reichlicher Spritzer) oder natürlich eine offene Flasche Rotwein, die einem eh nicht schmeckt. Das eine oder das andere in einem Glas offen stehen lassen. Die Fruchtfliegen werden angelockt und ersaufen.

HOLZWÜRMER

Für *Ach hätte ich doch die Stahlmöbel gekauft!* ist es zu spät, jetzt wird's stinken. Einen Viertelliter Wasser nehmen und darin 15 Gramm Karbolsäure auflösen. Anschließend das angefallene Holz von allen Seiten mindestens zweimal bestreichen und lüften, lange lüften. Ist mit Glück gerade echter Winter, dann die befallenen Stücke bei konstanten minus zehn Grad ein paar Nächte rausstellen oder aber bei sehr trockenen 60 °C sehr lange drinnen rumstehen lassen.

KELLERASSELN

Hier helfen Gurkenscheiben. Asseln nicht damit totschlagen, sondern die Scheiben einfach auslegen.

KÜCHENSCHABEN

Ein hohes Glas (Vase geht auch) halb mit Zuckerwasser füllen und eine Kartoffel hineinraspeln. Dann etwas Stoff außen herumlegen, sodass die Schaben ins Glas klettern können. Über Nacht stehen lassen. Die Schaben werden durch den Duft angelockt, plumpsen ins Glas und kommen dank der glatten Wände nicht mehr raus.

MÄUSE

Katze kaufen. Wer die Mäuse nur verjagen und nicht abmurksen will, einen Papierstreifen mit Pfefferminzöl beträufeln. Die Mäuse verschwinden sofort, allerdings zieht das Öl, wenn man Pech hat, sämtliche Katzen der Umgebung an.

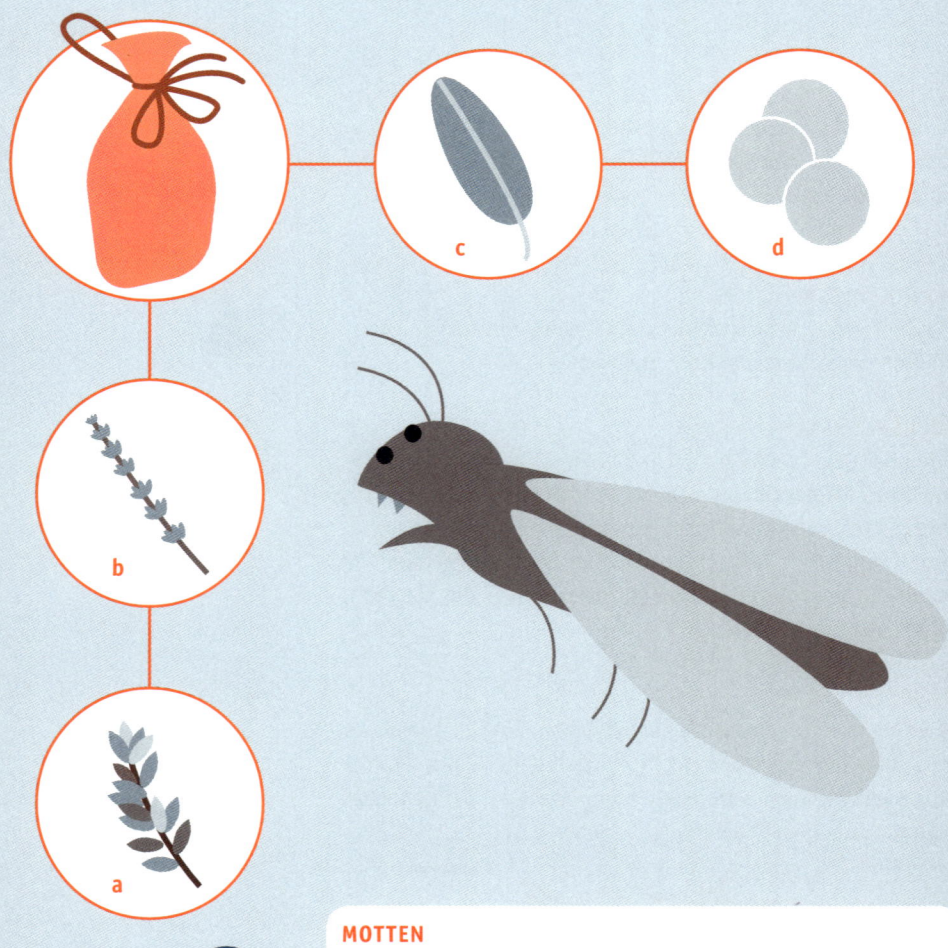

MOTTEN

Die Nachkommen einer einzelnen Motte können in einem Jahr 40 Kilogramm Wolle oder ähnlich Leckeres verputzen. Da bleibt nicht viel übrig vom Inhalt des Kleiderschranks. Man kann aber eine Menge dagegen tun, denn Motten verabscheuen starke Düfte. **a** Thymian, **b** Lavendel, **c** Salbei oder auch **d** Kampfer in ein Säckchen stopfen und ab damit in den Kleiderschrank.

MEHLMOTTEN

Die vermehren sich wie nichts Gutes und lassen sich an feinen »Spinnweben« in befallenen Lebensmitteln erkennen. Haben sich Mehlmotten im Schrank häuslich niedergelassen, helfen die Mottenfallen aus der Drogerie, was aber nicht vor dem Ausräumen schützt. Alle offenen Packungen müssen raus und selbst die verschlossenen sollten genau angeguckt werden. Anschließend mit Essigwasser die Schränke auswischen und künftig alles in verschließbaren Behältern aufbewahren.

MÜCKEN

Entweder die Bude mit Chemie einnebeln oder eine Tomaten-pflanze ins Schlafzimmer oder auf draußen die Fensterbank stellen. Mücken verabscheuen den Geruch und kommen gar nicht erst rein. Sirren schon welche durch die Nacht, dann ein paar Tropfen Nelkenöl auf ein Tuch geben und neben das Kopfkissen legen. Oder aber Kerzen anzünden (nie unbeauf-sichtigt!) und warten, bis alle reingeflogen sind.

SCHNECKEN

Ab und an helfen starke Gerüche wie Salbei und Thymian oder auch Bier. Salbei und Thymian dort anpflanzen, wo Schnecken nicht hinsollen. Bier in einen offenen Behälter schütten und einbuddeln. Nicht ebenerdig, sondern oben einen Rand lassen, sonst fallen unschuldige Viecher wie Käfer oder so rein. Schnecken können klettern und, jawohl!, auch gefälligst was tun für ihr Bier. Die abgesoffenen Schnecken sind zwar hin-terher kein schöner Anblick, aber die Bierfalle ist nun mal der Klassiker. Ansonsten hilft – bei einer großen Schneckenplage im Garten – nur zusätzlich Sammeln. Einfacher wird das, wenn Bretter zwischen die Beete gelegt werden. Schnecken ver-stecken sich gern darunter und warten auf den Abend, um dann wieder rauszukriechen.

ÜBRIGENS:

Silberfischchen tun nichts. Sie beißen nicht und fressen einem auch nichts weg. Man kann sie also einfach leben lassen.

SILBERFISCHCHEN

Die sind schon etwa 300 Millionen Jahre unterwegs und endgültig von nix und niemandem kleinzukriegen.

Variante eins: Für kurze Zeit lassen sie sich zum Beispiel mit Salmiakwasser vertreiben. In eine Schüssel damit und den entsprechenden Raum mindestens einen Tag lang nicht betreten. Fenster und Türen müssen geschlossen sein.

Variante zwei: Borax und Zucker zu gleichen Teilen mischen und in alle Ritzen streuen. Sollte die Fischchen ein paar Jahre fernhalten.

Variante drei: Einen feuchten Lappen auf den Boden legen. Silberfische lieben dunkle, feuchte Stellen und werden sich darunter verstecken. Den Lappen am nächsten Tag samt der Tierchen aufnehmen und am sichersten mit kochendem Wasser ausspülen.

SPINNEN

Entweder wegsaugen (müssen schon so 1 000 Watt sein, sonst krabbeln sie wieder raus) oder ein Glas über die Spinne stülpen. Anschließend ein Stück Pappe oder Papier vorsichtig drunterschieben und die Spinne draußen wieder freilassen, die sind nämlich sehr nützlich.

WESPEN

Eine Limoflasche nicht ganz austrinken und offen stehen lassen. Die Wespen fliegen zuhauf rein, finden aber nicht wieder raus.

ZECKEN

Die einen schwören auf Rausdrehen im Uhrzeigersinn, die anderen auf Rausdrehen gegen den Uhrzeigersinn. Die Wahrheit liegt nicht wie immer in der Mitte: Es ist total egal, in welche Richtung man dreht! Das elende Vieh also vorsichtig mit einer Pinzette packen, ziehen und dabei leicht drehen. Bei Ichekele-michaberganzdoll innerhalb von 24 Stunden zum Arzt gehen, der entfernt so was ganz nebenbei.

Was mache ich jetzt?

Nach der ganzen Aufregung mit dem Klein-, Mittel- oder Großnotfall braucht der Mensch jetzt dringend Entspannung. Keine Angst, es folgt nicht die Esoterikbastelstunde. Ganz im Ernst: Am besten zur Entspannung ist tatsächlich Nichtstun. Nix, absolut gar nichts, eine halbe Stunde lang. Nicht lesen, nicht reden, nichts schreiben, kein Radio, kein TV, einfach nichts.

Was brauche ich?

ALKOHOL (SPIRITUS)
BACKPULVER
ERFRISCHUNGSTÜCHER
FETT (BUTTER, MARGARINE,
GLYZERIN, BABYÖL)
GALLSEIFE
HAARSPRAY
LÖSUNGSMITTEL (NAGELLACKENTFERNER,
TERPENTINERSATZ, WASCHBENZIN ETC.)
MILCH
SÄURE (ESSIGESSENZ, ZITRONE,
KOHLENSÄURE IM MINERALWASSER)
SILBERPOLITUR
SODA
ZAHNPASTA

07 | DAS FLECKEN-ABC

Die gute Nachricht: Fast jeder Fleck geht wieder raus. Die schlechte: nicht ganz so leicht, wie er reingegangen ist. Immer gilt: Den Fleckenkampf erst mal harmlos beginnen. Allerdings, Zeigefinger heben und drohen hat laut Über-lieferung bislang noch keinen Flecken beeindruckt, besser, man legt mit Gallseife los. Wenn das nichts bringt, ist immer noch Zeit, böser zu werden. Übrigens, egal welche tollen Namen die Fleck-weg-Wässerchen aus dem Laden haben, die meisten bestehen aus zwei Teilen Wasser und aus einem Teil Spiritus, lassen sich also prima selbst herstellen. Wer will, kann sich ja noch ein hübsches Etikett dazu basteln. Die spezielleren Wegmacher gibt's hier alphabetisch nach Flecken sortiert.

ANANASFLECKEN

Ganz normal, wie auf dem Etikett gefordert, waschen, bei Seide den Stoff anfeuchten und anschließend mit Gallseife auswaschen.

APFELSINENFLECKEN

siehe »Orangenflecken«

AUFKLEBER

Es gibt drei Arten von Kleber, also gibt's auch drei Arten Wegmacher. Nämlich: wasserlöslichen, fettlöslichen und lösungsmittellöslichen. Also je nachdem Wasser, Fett oder Benzin/Verdünnung/Spiritus/Nagellackentferner verwenden. Weil man ja meistens nicht weiß, welcher Kleber da gerade klebt, immer mit dem harmlosesten, also Wasser, anfangen. Dann je nach Materialempfindlichkeit erst Fett oder Lösungsmittel versuchen. Möglich auch: Mit einem Fön vorsichtig erwärmen, dann abziehen.

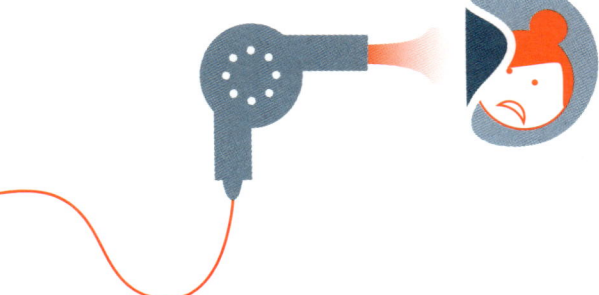

BLAUBEERFLECKEN

Die sind so was wie der Mount Everest der Flecken. Hier kann man es wahlweise mit verdünntem Salmiakgeist oder mit Soda versuchen. Wichtig: Ruhig etwas länger einweichen lassen. Blaubeerflecken an den Händen mit Zitronensaft abreiben.

BLUTFLECKEN

Bei Kleidung Spucke nehmen. Nicht die von dem, der einen gerade vermöbelt hat, sondern immer die von dem, um dessen Blut es sich handelt. Ruhig eine halbe Stunde einwirken lassen, dann schrubben mit kaltem Wasser und Gallseife. Bei weißen Klamotten geht auch Backpulver. Kleidung anfeuchten, Backpulver drauf, einwirken lassen und anschließend wie üblich waschen.
Blutflecken auf Seide mit Alkohol betupfen. Aus Wolle entfernt man Blutflecken, indem man den Fleck mit feuchter Weizenstärke bestreicht, antrocknen lässt und vorsichtig ausbürstet. Aus Polstermöbeln entfernt man Blutflecken, indem man Kartoffelstärke mit etwas Wasser verrührt. Dieses Gemisch dann auf den Fleck und diesen mit Salzwasser auswaschen.

BÜGELFLECKEN UND GANZ LEICHT VERSENGTE STELLEN

Mit wenig Essig leicht ausreiben.

BUNTSTIFTFLECKEN

Egal ob auf Klamotten oder Kunststoffböden, vorsichtig und mit wenig Silberpolitur einreiben und anschließend waschen, wie es auf dem Etikett steht. Nur die Klamotten nicht die Böden.

COGNACFLECKEN

Sind sie noch frisch, kann man sie mit einem Erfrischungstuch ausreiben. Danach normal waschen.

COLAFLECKEN

Auch hier hilft das Erfrischungstuch. Und wieder wie gewohnt waschen.

COGNAC-COLA-FLECKEN

☺

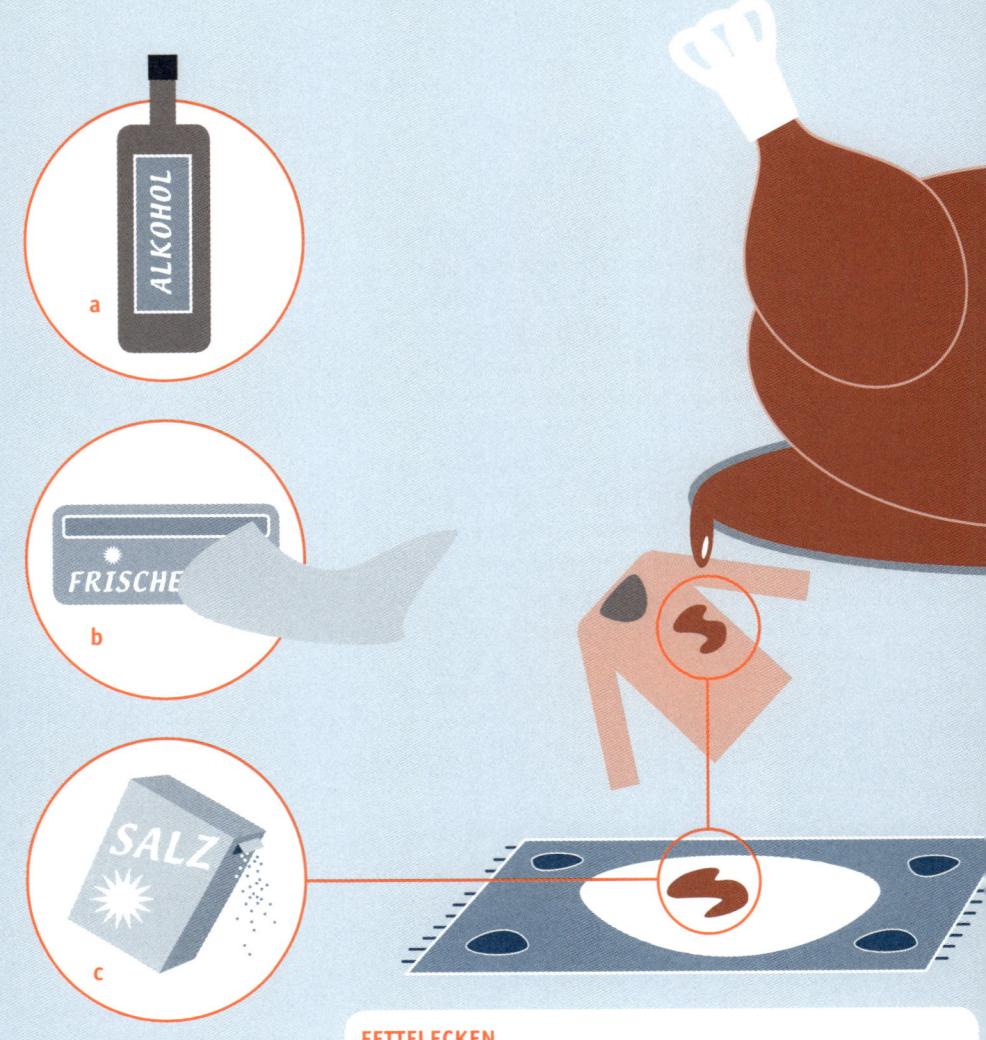

a ALKOHOL

b FRISCHE

c SALZ

FETTFLECKEN

Sein Fett krieg man am besten weg mit **a** Alkohol (Salmiakgeist), gibt es in Apotheken oder Drogerien. **b** Erfrischungstücher tun es bei leichten Fällen, bei schweren Fällen von
Fett auf Kleidung oder hellen Teppichböden das Ganze sofort
reichlich mit **c** Salz bestreuen. Das Salz saugt das Fett auf,
und der Teppich bekommt keine hässlichen Flecken. Bei Fett
auf Seide oder anderen ähnlich empfindlichen Stoffen,

d Geschirrspülmittel draufträufeln, einwirken lassen und anschließend mit klarem Wasser ausspülen. Fett in Wolle lässt sich mit **e** Mineralwasser (mit Blubberblasen) entfernen, bei Leder einfach **f** geschlagenes Eiweiß drauf und dann sorgfältig abreiben. Fett auf Papier kriegt man mit **g** Kartoffelmehl weg. Draufstreuen und nach einer Weile wieder abbürsten.

KARTOFFEL-MEHL

D

DRECKFLECKEN, GANZ SCHLIMME

Da müssen Enzyme ran, und Enzymreiniger gibt's in gut sortierten Naturkostläden oder Apotheken. Enzyme sind Proteine, und die sind wichtig für den Stoffwechsel aller lebenden Organismen, sorgen für biochemische Reaktionen, und das wiederum hilft gegen solcherart Flecken. Egal ob weiß oder bunt – Enzymreiniger drauf, über Nacht einweichen lassen und bei 60 °C in der Maschine waschen.

E

EIWEISSFLECKEN

Die entfernt man aus allen Textilien, indem man abgekochtes Wasser (erst etwas abkühlen lassen) drübergießt und dann wäscht.

F

FILZSTIFTFLECKEN

Diese mit Haarspray einsprühen, gute 15 Minuten einwirken lassen und mit lauwarmem Wasser auswaschen.

G

GRASFLECKEN

Na, wieder irgendwo rumgewälzt? Die schmutzigen Stellen einfach mit Geschirrspülmittel oder Glyzerin bestreichen und anschließend gut auswaschen. Beim nächsten Mal Decke mitnehmen. Ansonsten gilt, wie bei den meisten organischen Flecken, die Kleidung nass in die Sonne legen und dort trocknen lassen. Auch so verschwinden viele Flecken.

GRÜNSPAN

Entweder sauteure Spezialreiniger kaufen oder aber die entsprechende Stelle einfach heiß machen, mit einem Fön zum Beispiel. Anschließend lässt sich Grünspan mit einer Bürste ganz leicht abreiben. Atemschutz wäre aber zu empfehlen, denn Grünspan ist giftig.

HARZFLECKEN

Gegen Harz hilft Fett. Die eingesaute Stelle dick mit Butter oder Margarine einreiben und ein paar Minuten in Ruhe lassen. Danach am besten mit einem Wollwaschmittel auswaschen.

HEIDELBEERFLECKEN

siehe »Blaubeerflecken«

HOLUNDERBEERFLECKEN

Das Kleidungsstück fix in kaltes Wasser packen und einige Zeit dort einweichen lassen. Meist reicht das schon, wenn nicht, dann etwas Essig oder Zitrone drauf und anschließend gemäß Etikett waschen.

HONIGFLECKEN

Einfach mit warmem Wasser auswaschen.

JOHANNISBEERFLECKEN

Zitronensaft drauf, einziehen lassen und anschließend mit warmem Wasser auswaschen.

KAFFEEFLECKEN

Die reibt man mit Glyzerin ab und wäscht die Stelle anschließend mit heißem Wasser aus.

KAROTTENFLECKEN

Erst waschen laut Etikett und dann in der Sonne trocknen lassen. Wenn keine Sonne, dann die Flecken vor dem Waschen mit Babyöl einreiben. Keine Angst, die Ölflecken verschwinden beim Waschen.

KAUGUMMI

Kaugummis sind bekanntlich zäh und lassen sich nur mühselig abpopeln. Deshalb das mit Kaugummi verzierte Kleidungsstück in den Kühlschrank legen (am besten ins Eisfach) und dort ein oder zwei Stunden liegen lassen. Ist der Stoff anständig durchgekühlt, lässt sich der Kaugummi mühelos abbröckeln. Wenn kein Kühlschrank vorhanden ist: Entweder auf den nächsten Winter warten oder Benzin/Benzol drauf, kurz einwirken lassen und dann abziehen. Nein, die Kaugummis schmecken danach in der Regel nicht mehr. Kaugummi im Teppichboden kriegt man mit einem Eiswürfel wieder raus. So lange auf die betroffene Stelle drücken, bis der Kaugummi brüchig wird, anschließend rauspulen.

KIRSCHFLECKEN

Die wäscht man zuerst mit normalem Seifenwasser aus und legt das Kleidungsstück anschließend zwölf Stunden in Milch. Tests berühmter Hausfrauen haben ergeben, dass sich Vollmilch am besten eignet. Es wurden aber auch schon spektakuläre Erfolge mit fettarmer Milch erzielt. Ist der Fleck ganz frisch, dann sofort in kaltem Wasser einweichen lassen. Gibt er nicht auf: Zitronensaft drauf und anschließend waschen.

KLEBERFLECKEN

Kleine Flecken in Klamotten verschwinden, indem vor der Wäsche Babyöl auf die entsprechende Stelle geträufelt wird. Das Öl sollte den Kleber anlösen. Bei schwerer Alleskleber-Sauerei kann man es vor dem Waschen mit Nagellackentferner oder anderen Lösungsmitteln versuchen. Kleber auf dem Teppichboden verschwindet in der Regel, wenn man mit einem in Essig getauchten Tuch drüberwischt.

KRAGENSPECK

Egal ob Hemd-, Blusen- oder Mantelkragen: etwas Backpulver drauf, eine Stunde einwirken lassen, ausbürsten, sauber. Vorsicht bei farbigen Kragen, die können ausbleichen.

KREIDE

Die entfernt man von Linoleum und Kunststoffböden am besten mit Silberpolitur. Funktioniert auch bei farbiger Kreide. Aus Klamotten lässt sich Kreide einfach auswaschen.

KUGELSCHREIBERFLECKEN

Keine Panik und bloß nicht wild drauf rumreiben. Am besten in Zitronensaft tauchen, dann mit Haarspray einsprühen, damit fixieren und trocknen lassen. Anschließend mit leicht verdünntem Essig ausbürsten. Kugelschreiberflecken auf Kunststoffen (Wachstuch, Linoleum etc.) anfeuchten, mit Haarspray besprühen, kurz einwirken lassen und anschließend wegwischen. Kugelschreiberflecken auf behandeltem Holz lassen sich mit Essigessenz abreiben oder mit natriumfluoridhaltiger Zahnpasta.

LIPPENSTIFTFLECKEN

Bei Flecken auf bunten Klamotten, diese einfach waschen. Lippenstift in weißen Geweben zuerst mit Glyzerin einreiben und dann waschen. Lippenstift auf Geschirr verschwindet schneller, wenn er vor dem Spülen mit Salz abgerieben wird. Spülmittel geht auch, dauert nur erheblich länger.

MANGOFLECKEN

Pech gehabt, Mangoflecken kann man nicht auswaschen. Los wird man sie nur aus Stoffen, die große Hitze abkönnen, also Baumwolle oder Leinen. Bügelt man diese, verschwindet der Fleck. Andere mangogeschädigte Kleidungsstücke kann man maximal in der Sonne trocknen lassen. Mit Glück verschwindet der Fleck.

MILCHFLECKEN

Zuerst mit kaltem Wasser ausspülen, dadurch gehen die Eiweiße raus. Dann mit heißem Wasser nachspülen, das löst die Milchfette. Reihenfolge beachten! Wird zuerst nämlich heißes Wasser genommen, kann es sein, dass die Milch mit einem Schlag sauer wird, und dann stinkt's gar gruselig.

MÜCKENFLECKEN

Hat man einen dieser Plagegeister auf den Klamotten erlegt, lassen sich die sterblichen Überreste auswaschen. Mückenflecken auf der Wand mit klarem Wasser und am besten einem feinen Tuch abwischen.

NAGELLACKFLECKEN

Hier hilft jede Art von Lösungsmittel, also auch Nagellack-entferner. Allerdings immer vorher probieren, ob der Stoff so ein scharfes Mittelchen auch abkann.

NIKOTINFLECKEN

Die gelben Fingerchen kriegt man wieder rein, wenn man sie mit Zitronensaft oder Essig oder einem Bimsstein abreibt. Hat ein »lieber« Gast die Untertasse als Aschenbecher miss-braucht, dann diese ordentlich mit Salz abputzen.

NUTELLAFLECKEN

Zuerst den Fleck anfeuchten und dann mit Lappen oder Schwamm und Geschirrspülmittel abreiben.

OBSTFLECKEN

Generell erst mal nass in die Sonne legen. Bei Wolken (oder Ähnlichem): Den Stoff mit leicht verdünntem Spiritus behan-deln und schließlich auswaschen. Sollte das nicht reichen, müssen andere Saiten aufgezogen werden. Das bedeutet: Die Obstflecken vor dem Waschen mit Essig oder Zitronensaft behandeln. Die Säure kriegt die Gerbsäure im Obstfleck klein, und der Fleck geht beim Waschen besser raus.

ÖLFLECKEN

Hier empfiehlt sich die Anschaffung eines Babys. Hat man ein solches, hat man in der Regel auch Babypuder. Dies auf den Ölfleck drauf, länger einwirken lassen (ruhig einen Tag), dann abbürsten und fertig. In härteren Fällen (beim Radfahren die Hose mal wieder in die Kette gerutscht): Geschirrspüler auf die entsprechende Stelle geben, ein paar Minuten einwirken lassen und anschließend waschen.

ORANGENFLECKEN

Werden in Glyzerin getaucht – ruhig etwas einwirken lassen – und mit lauwarmem Wasser ausgespült.

PARFÜMFLECKEN

Nicht 'ne Woche warten, sondern wenn sie noch frisch sind, mit einem Erfrischungstuch ausreiben. Danach normal waschen.

PFIRSICHFLECKEN

Mit etwas Glyzerin einreiben, ein paar Stunden einwirken lassen und anschließend auswaschen.

ROSTFLECKEN

In Kleidung: Wasser erhitzen, Zitronensaft dazugeben und schließlich abreiben. Hinterher ordentlich ausspülen und anschließend normal waschen. Rostflecken auf dem Bügeleisen kriegt man wieder weg, indem man die Stellen mit Wachs (Kerze) einreibt, danach Salz daraufstreut und das Ganze mit einem Woll-Lappen wieder gründlich abreibt. Kleinere Rostflecken lassen sich übrigens von den meisten Metallen mit Cola entfernen. Einfach eine Nacht darin einweichen. Cola enthält nämlich Phosphorsäure, und die wiederum ist Rostfeind Nummer eins.

ROTWEINFLECKEN

Nicht lange rumjammern, sondern fix handeln. Bei Klamotten entweder viel Salz draufgeben und einziehen lassen oder mit Weißwein, möglich auch Mineralwasser (mit Bläschen, also Kohlensäure) ausspülen, anschließend immer wie gewohnt waschen. Rotwein auf Teppich oder Polstermöbeln geht auf dieselbe Weise wieder raus. Zusätzlich lassen sich die Flecken auch mit Rasierschaum behandeln. Einsprühen, einziehen lassen, abbürsten.

RUSSFLECKEN

Auch hier hilft Rasierschaum. Kurz einziehen lassen und dann mit einem sauberen Lappen auswaschen. Den Lappen während der Prozedur oft in klarem Wasser ausspülen.

SCHIMMEL

In Kleidung: Essigessenz leicht verdünnen und damit alles abreiben, anschließend waschen und eine Tasse Essig mit in die Maschine geben. Ist Schimmel auf Holz (Obstkorb o. Ä.), entweder mit Salz und einer Bürste ran oder ebenfalls mit Essigessenz auswischen. Vorsichtig, Essigessenz bleicht!

SCHOKOLADENFLECKEN
Den Fleck nass machen, Feinwaschmittel direkt draufgeben, kurz einreiben und anschließend normal waschen.

SCHOKOLADENEISFLECKEN
Funktioniert auch bei anderen dunklen Lecker-Klecker-Eis-sorten: Sofort Mineralwasser (mit Blubberbläschen) drüber-kippen und anschließend waschen.

SIRUPFLECKEN
Sofort! mit einem Erfrischungstuch ausreiben. Danach normal waschen.

T TEEFLECKEN
Mit Glyzerin oder Butter einreiben, ruhig eine halbe Stunde einwirken lassen und anschließend auswaschen.

TEERFLECKEN
Den teuren Spezialentferner kann man sich in der Regel sparen. Lümmeln Teerflecken auf der Kleidung, einfach Fett draufschmieren und auswaschen wie gewohnt. Sind sie zum Beispiel auf dem Autolack, ebenfalls so was wie Margarine nehmen, kurz einwirken lassen und mit einem weichen Lappen abreiben. Teerflecken auf Holz oder Schuhen lassen sich mit Bohnerwachs abreiben.

TINTENFLECKEN

Sind Tintenflecken in der Kleidung: zuerst oft und lange ausspülen mit heißem Wasser (nicht heißer als das Etikett für die Wäsche erlaubt), dann etwas Essig draufgeben und anschließend waschen. Tinte auf Linoleum besiegt man mit Zitrone. Ein paar Tropfen drauf, kurz einziehen lassen, abwischen. Ist Tinte auf Holz hilft wieder Essig. Direkt draufträufeln, kurz einziehen lassen und abwischen.

WACHSFLECKEN

Egal ob in Klamotten, auf dem Teppich oder dem Sofa: Küchenpapier oder Löschpapier auf den Fleck legen, dann das Bügeleisen auf niedriger Temperatur langsam drüberziehen. Immer wieder frisches Papier nehmen, so lange, bis das Wachs weg ist. Für Wachsflecken auf Holz braucht's lediglich einen alten Nylonstrumpf. Diesen wie einen Arbeitshandschuh überziehen und feste über das Wachs rubbeln. Das wird dadurch heiß und vom Strumpf aufgesogen. Wachs auf Metall, z. B. ein zugekleisterter Kerzenleuchter: Entweder eine Stunde ins Gefrierfach packen, dann löst sich das Wachs ganz leicht, oder aber unter heißes Wasser halten und anschließend mit Papiertüchern abreiben.

WEISSWEIN

Gibt keine Rotweinflecken.

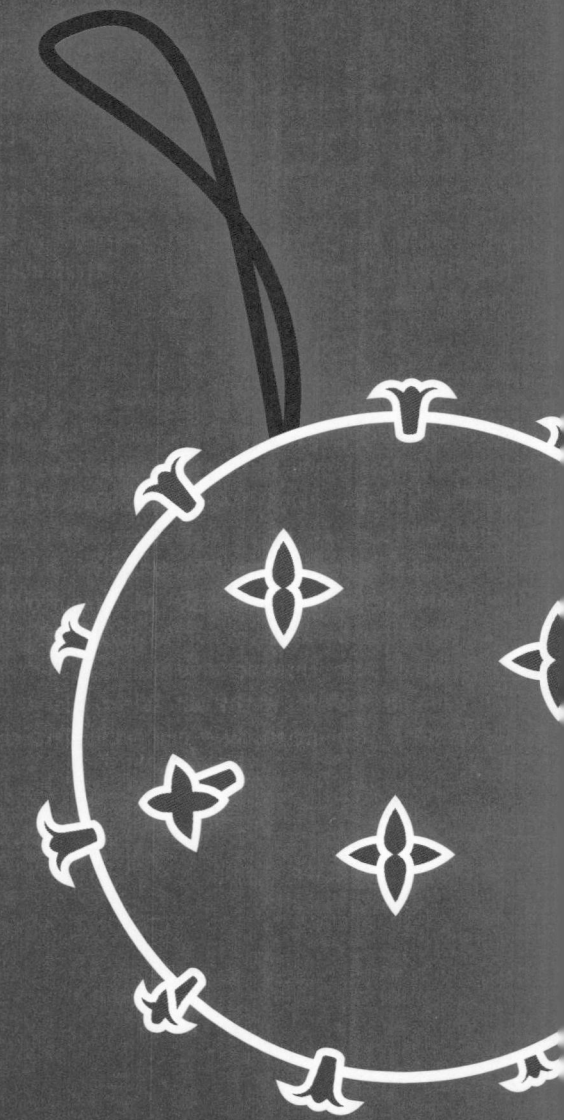

Was brauche ich?

BACKPULVER
ESSIG
KAFFEE
NATRON
ORANGEN
SALZ
SODA
TERPENTIN
ZITRONEN

08 DAS DUFT-ABC

Zehn Millionen Riechzellen mit 80 Millionen Riechhärchen treiben sich in unserer Nase rum. Ein Wunder, dass da überhaupt was durchkommt. Das, was durchkommt, geht jedenfalls ins limbische System (jeder hat eins). Dieses System ist unter anderem für das Überleben zuständig; Hunger und Durst beispielsweise werden dort befohlen, aber auch Gefühle. Riechen und Emotionen hängen also zusammen. Wenn man US-Forschern glauben darf, wird ein Duft als angenehm empfunden, wenn er durchs rechte Nasenloch eingesogen wird. Was aber nicht heißt, man müsste einfach nur rechts riechen, und schon duftet alles. Das linke Nasenloch ist laut Forscher dafür zuständig zu erkennen, was da duftet. Wissenschaftler vermuten, dass jedes Nasenloch Informationen vor allem an seine Gehirnhälfte liefert. Dabei gilt ja die linke Hirnhälfte als die fürs Logische und die rechte als die fürs Emotionale. Übrigens sollen Männer weniger Wert auf Duft legen als Frauen, das erklärt einiges, oder? In diesem Kapitel jedenfalls geht's darum, Düfte zu erzeugen und fiese Gerüche wegzubekommen.

| # DAS DUFT-ABC

 ALKOHOLFAHNE

Nicht runterschlingen, sondern ganz langsam eine Orange oder, wer härter im Nehmen ist, eine Zitrone kauen. Ohne Schale.

ASCHENBECHER

Für Dauerqualmer oder bei Feten ein wenig Sand in den Aschenbecher füllen, dann glimmen die Kippen wenigstens nicht so nach. Ansonsten reibt man Metallascher mit Spiritus ab, damit sie nicht mehr stinken. Glas- oder Porzellanascher sollte man dagegen längere Zeit in Essigwasser tauchen und anschließend auswaschen.

 BACKOFEN

Orangen, Mandarinen oder Zitronen essen und die Schalen dann kurz im Ofen erhitzen.

BLUMENWASSER

Man munkelt ja von Schnittblumen, die länger halten als das Wasser, sollte also Letzteres bereits stinken und die Blumen ihren Geist immer noch nicht aufgegeben haben, das Wasser wechseln und beim nächsten Mal ein Stück Holzkohle dazu-geben. Geht auch bei frischen Blumen.

BODEN WISCHEN

Besonders bei Holzböden müffelt's ja doch immer etwas, deshalb einen Schuss Terpentin ins Aufwischwasser geben.

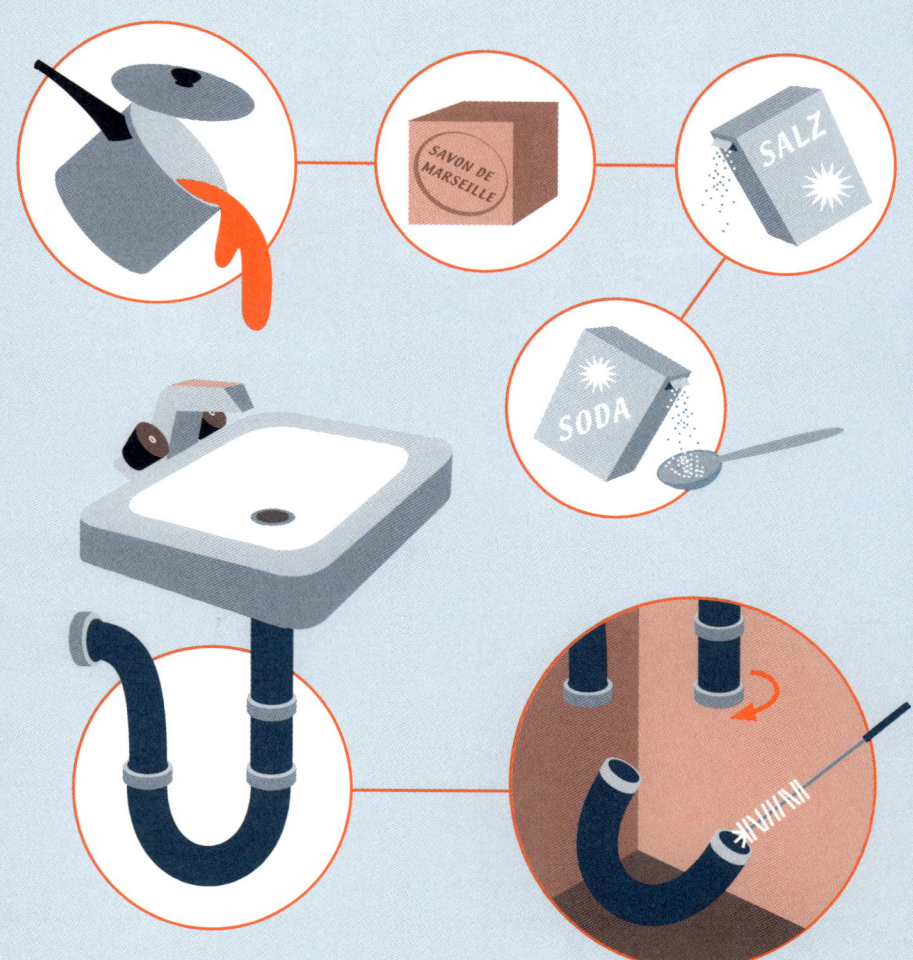

AUSGUSS/ABFLUSS

Zuerst den Geruchsverschluss/Siphon (ist das kurvenreiche Ding unter dem Becken) reinigen. Was man da drin manchmal alles findet ... Hilft das nicht, dann Wasser heiß machen, viel Seife oder Salz dazugeben und in den Abfluss gießen. Möglich auch: Ein oder zwei Esslöffel Soda oder Salz in den Abfluss schütten, etwas einwirken lassen und heißes Wasser nachkippen.

DUFTE GLÜHBIRNEN

Parfüm nehmen (zum Beispiel die Probepackungen, die sonst ja doch nur rumliegen) und etwas (!) auf die Glühbirne träufeln. Nach dem Lichteinschalten werden die Glühbirnen warm, und der Duft kann sich verteilen.

DUFTE MALERN

Zwei Teelöffel Vanillearoma in den Farbeimer kippen, umrühren, und dann los.

FISCH BRATEN

Ist der Fisch erst mal in der Pfanne, ist es zu spät, dann riecht es auch nach Fisch. Mischt man aber vor dem Braten etwas Parmesankäse unters Paniermehl, dann riecht es lange nicht mehr so doll.

HOLZBRETTCHEN

Es ist kein Naturgesetz, dass die müffeln müssen. Vor dem Gebrauch mit kaltem Wasser abspülen, und es stinkt nicht mal mehr nach Fisch oder Zwiebel.

KINDERKOTZE

Die lieben Kleinen spucken ja mit Vorliebe auf Klamotten. Wenn gerade keine Waschmaschine zur Hand, dann die Kleidung vom Gröbsten befreien und Natron (gibt's im Supermarkt) auf ein feuchtes Tuch geben und damit abwischen.

KLO

Eine Schachtel Streichhölzer aufs Örtchen des Gastgebers mitgenommen erspart viele peinliche Momente. Nach dem »großen Geschäft« einfach ein oder zwei Streichhölzer anzünden und gleich wieder auspusten. Der Schwefel neutralisiert den Geruch.

KNOBLAUCH- UND/ODER ZWIEBEL-HÄNDE

Glücklich der, der eine Edelstahlspüle oder einen Wasserhahn aus Edelstahl hat. Nach dem Schnippeln die Hände daran reiben (wirklich!), und schon stinkt nichts mehr. Ansonsten teure Edelstahlseife kaufen oder damit leben.

KOFFER, TRUHEN & CO.

Auch hier hilft der schon so oft erwähnte gemahlene Kaffee. Wenn man den nun überhaupt nicht leiden kann, dann Katzenstreudeo nehmen, in eine offene Dose geben und über Nacht stehen lassen. Sollte alle Gerüche rausziehen.

KOHL KOCHEN

Normalerweise kriegt ja die halbe Straße mit, was da gerade auf dem Herd steht. Ein paar alte Brotrinden mitgekocht, und

schon riecht es viel weniger nach Kohl. Noch weniger Kohl-
geruch (egal welche Sorte) gibt's, wenn ein Spritzer Essig ins
Wasser gegeben wird. Ganz berühmte Kohlkocher beträufeln
auch ein Stück Brot mit Essig und kochen dann das mit.

KÜHLSCHRANK

Variante eins: Ist der bereits voller lebender Dinge, dann
diese entfernen, es sei denn, man hat Spaß an einer Tomate,
der bereits Ohren gewachsen sind. Hat man sich fürs Entfernen
entschieden: nach dem Putzen einen halben Apfel in den
Kühlschrank geben. Jede Woche erneuern, wer weiß, was dem
sonst wächst.

Variante zwei: Backpulver oder Natron im Kühlschrank lagern,
in offenen Packungen natürlich.
Variante drei: Kaffeebohnen in einen nicht mehr gebrauchten
Nylonstrumpf geben und im Kühlschrank deponieren.
Variante vier: Einen gebrauchten Kaffeefilter (mit Kaffee!) in
den Kühlschrank legen. Kaffee riecht im Kühlschrank übrigens
nicht nach Kaffee, er neutralisiert lediglich alle Gerüche.

KUNSTSTOFFSCHÜSSELN

Es kursiert das Gerücht, die wären geschmacksneutral. Wer je Essiggurken, Fisch oder Knoblauchsoßen darin hatte, weiß, was davon zu halten ist. Mit Zitronensaft oder -schale abreiben, dann riechen sie wirklich nicht mehr.

PFANNEN UND TÖPFE — **P**

Es braucht keine Chemie für den Duft, auch nicht nach einem Dreitagesfischbrat-Contest. Einfach die Metallsachen mit Zitronensaft ausreiben.

RAUMDUFT — **R**

Hier braucht's keine gekauften Düfte. Eine Orange nehmen, zwei oder auch drei Nelken (ab vier riecht es sehr nach Weih-nachten) durch die Schale stecken – schon duftet's. Wer es nicht so mit Weihnachtsdüften hat, kann auch eine Vanille-schote nehmen. Mit einem Messer die Schale ein wenig ein-ritzen und irgendwohin hängen, wo sie nicht stört. Lässt die Wirkung nach, neu einritzen. Duftet bis zu einem halben Jahr.

RAUMSPRAY

Wasser in einen Zerstäuber plus Zitronensaft ist gleich selbst gebautes Raumspray.

SCHRÄNKE

Wie man Viecher da raushält, steht im Kapitel Katastrophen & Notfälle. Duften tut ein Kleiderschrank, indem man ein Stück Seife reinlegt oder ein Stoffsäckchen mit getrocknetem Lavendel, getrockneten Rosenblättern, Rosmarinzweigen oder Ähnlichem platziert. Bei Küchenschränken kommt wahrscheinlich Lavendel nicht so gut, da funktioniert aber der Kaffee im Nylonstrumpf. Vorher die Schränke aber immer putzen, also mit Essig oder Zitronenlösung wischen.

STAUBSAUGEN

Waschpulver oder irgendein duftendes Gewürz (Zimt o. Ä.) verteilen und dann aufsaugen. Es landet dann in Beutel und Filter des Staubsaugers und duftet künftig beim Saugen.

STEINTÖPFE

Die müffeln ja selbst neu manchmal schon zum Gotterbarmen. Unverdünnten Essig heiß machen und damit die Töpfe auswaschen hilft.

Z

ZIGARETTEN UND KLAMOTTEN

Sind die erst mal vollgestunken, hilft tatsächlich meist nur
waschen, in nicht ganz so schlimmen Fällen reicht auslüften.
Wollpullover dazu auf eine Heizung legen, dann riechen sie
am nächsten Tag wieder frisch.

ZIGARETTENQUALM

Nach Feten mit vielen Rauchern hilft nur eines: Wasserkocher
anschmeißen und Essig mitkochen lassen. Der Essig verteilt
sich mit dem Wasserdampf und zieht beim anschließenden
Lüften viel schneller ab als der Zigarettendunst. Gemahlenen
Kaffee auf Untertassen geben und ins Zimmer stellen funktioniert auch, allerdings nur bei kleinen Räumen.

ZIGARETTENQUALM IM AUTO

Der alte Autohändlertrick: Eine Schale mit frisch gemahlenem
Kaffee unter den Sitz stellen. Dauert zwar einige Tage, aber
dann riecht's prima und überdeckt auch die meisten anderen
Autodüfte.

REGISTER

Zertifikat

Willkommen in der wunderbaren Welt des Haushalts!
Nach Lektüre und Gebrauch dieses Buches bestätigen wir
Ihnen offiziell, einen Haushalt so lässig wie souverän führen
zu können. Etwaige Abhängigkeiten von Mutti, Oma
oder Partner/-in können zukünftig ausgeschlossen werden.
Ihnen gilt unsere ausdrückliche Hochachtung.

Name des Haushaltsprofis:

Größe des Haushalts in m²:

Zukünftiges Haushaltsprojekt:

Geplant: **Erfolgreich umgesetzt am:**

AUTOR & ILLUSTRATOR

AUTOR

Tom Grote lässt sich seit Verfassen dieses Buches gern als *Oma Grote* anreden. Außerdem quetscht er jeden Rentner oder jede Rentnerin, derer er habhaft wird, über neue Haushaltstipps aus. Tom Grote kommentiert das Betreten jeden Raumes mit einer Bemerkung  über den vorherrschenden Geruch und baut für sein Leben gern Dinge auseinander und mit viel Glück auch wieder zusammen. Es bleiben immer Teile übrig. Laut Illustrator hat er den Einstiegstest nur bestanden, weil er ihn selbst verfasst hat.

ILLUSTRATOR

Daniel Müller *(www.illumueller.ch)* malt ordentliche Bilder, lädt aber niemals zu sich nach Hause ein. Er verbittet sich auch jegliche daraus mögliche Schlussfolgerungen über den Zustand seiner 4 bis 21 Wände (genaue Zahlen sind nicht bekannt). Daniel Müller  bügelt besser als der Dalai Lama und kann sich selbst die Schuhe zubinden, jedenfalls weist er regelmäßig darauf hin. Außerdem kennt er sagenumwobene Werkzeuge wie zum Beispiel die Polygripzange. Er benutzt sie angeblich auch und hat beim Einstiegstest als Einziger bislang 134 Punkte erreicht. Nach eigenen Angaben.